55人の哲学者が答える
大人の人生相談

小川仁志

ワニブックス
PLUS新書

はじめに

　朝起きてから寝るまで、いや、眠った後ですら、私たちは悩んでいます。私たちの日常には悩みが溢れているのです。なぜか？　それは人が悩む生き物だからです。悩まなければ済むものを、どうしても悩んでしまいます。もう生きることは悩むことだといっても過言ではないくらいです。

　これは考える能力を与えられた人間にとっての宿命でもあります。考えるから、悩むのです。考えるから、選択肢が出てくる、あるいは躊躇してしまう。たとえば、皆さんが食堂に行ったシーンを思い浮かべてください。メニューを見て、何を食べるか考えますよね。私もいつも大学の食堂で、定食にするかカレーにするか悩みます。定食を選んだとしても、何定食にするか、おかずはどれを取るか、ご飯のサイズは等々、悩みの連続です。

　食堂に行っただけでこれですから、もう一日の出来事全部が、そして人生のすべてが悩みで埋め尽くされるわけです。それもこれも、すべては考えるという能力を持ったせいなのです。私たちは考えることから逃れることはできません。したがって、それを乗り越えられるかどうかもまた、考える能力にかかっているのです。

つまり、うまく考えることで、悩む状況から脱することができるわけです。長い年月をかけてそれをやってきたのが、哲学という学問にほかなりません。なぜなら、哲学者は皆考えることの達人だからです。歴史上の哲学者たちは人生や社会の難問を前に、あでもないこうでもないと考えをめぐらせてきました。そして今もなお、現役の哲学者たちが現代的な問題について考え続けています。

彼らの思考がすごいのは、いずれもハッとさせられる点です。ぜひその部分に着目していただきたいのですが、哲学者のアドバイスが他の悩み相談と異なるのは、このハッとさせる切り口にあります。

「なるほどそうきたか！」「あ、その手があったか！」といった感嘆符の連続だと思います。かくいう私も、彼らの哲学を知って、いつもそんな感嘆符を頭の中に点灯させています。本書ではそれをさらに悩みに応用し、二重の感嘆符で読者の皆さんをハッとさせることができればと思っています。

　その意味では、この本を読むことによって悩みの解決のヒントにするだけでなく、哲学の知識や思考の方法を学ぶということも可能です。特に今回は現役の哲学者の考えも多く紹介していますので、他の哲学書にはない情報が満載といえます。中には、通常は哲学者という分類に入っていない人もいますが、そこがまた面白いところです。

　偉大な人には、哲学的といっていい側面が必ずありますから。何も哲学を追究する学者だけが哲学者ではないのです。物事を深く考え、ハッとするような思考を展開している人は皆哲学者なのです。

　個々の哲学者の考え方は、一つひとつの項目を読んでいただければわかると思いますが、一般に哲学思考とはどういうものなのかについても、ここで簡単に説明しておきたいと思います。それを理解したうえで読んでいただけると、個々の哲学を解釈する際役立つはずです。

　世界ではいろいろな哲学が唱えられていますが、哲学思考の根幹は、①疑う②視点を変える③再構成するの３つだけです。ここで紹介している哲学は、いずれもこうしたプロセスを経て生み出されたものだといっていいでしょう。常識や思い込みを疑い、また視点を変えて捉えるからこそ、人はハッとするわけです。

もっとも、思考のプロセスをどう表現するかは、哲学者によって異なります。先ほどの3つのプロセスは、あくまで私からするとそう整理できるということです。

本書では、そんな歴史上の哲学者、そして現役の哲学者たちの考えをできるだけたくさん紹介しつつ、それらを応用することで、とりわけ今を生きる大人たちの人生や社会の悩みに向きあってみたいと思います。さて、そんな大人の人生相談に、哲学者たちはいったいどんな答えを提示してくれるのか。

なお、本文の解説を補足する意味合いで、簡単な図と哲学者のプロフィールとイラスト、さらにお勧めの書籍も紹介しています。これらの情報も合わせて参考にしていただけると幸いです。

■本書は「週刊エコノミスト」（毎日新聞出版）に連載中の「小川仁志の哲学でスッキリ問題解決」からの抜粋に加筆したものです

03

【友人・恋愛・コミュニケーション】

04

【老いと死】
人は必ず老いて死ぬ。わかっているからこそ尽きぬ悩み

07

【政治】政治はどうあるべきか？「正解」が見つからないもどかしさ

08

【戦争と平和】

01

【日常】

日々の暮らしの中の小さな悩みと向き合う

この章の回答者

スピノザ
カイヨワ
バルト
エラスムス
ソロー
前田利鎌
アウレーリウス
カネッティ

スピノザに「対応力＝コナトゥスの力」を学ぶ

Q

自由にものをいいにくい風潮のせいか、発言が誤解を招いて人間関係が悪くなるなど、最近すごく生きづらさを感じます。周りに聞いてみると、どうも私だけではないようです。もやもやしたこの気持ちを、どう解決すればいいでしょうか？

（事務職　20代女性）

バールーフ・デ・スピノザ
（1632〜1677年）オランダの哲学者。大陸合理論者の一人。神を自然と同一視する汎神論《はんしん》でも知られる。著書に『エチカ』などがある。

A

自分の存在を確たるものに変える「コナトゥス」の力を引き出しましょう

刺激に対する自在の対応力を身につける

私も若い人たちと対話をする機会がありますが、同じような生きづらさを感じている人が多いようです。おそらく原因は、一つではないのでしょう。相談者がいうように、自由にものをいいにくい風潮もそうでしょう。

ちなみに私の場合は、テクノロジーが発展し過ぎて、うまく使いこなせていない点に生きづらさを感じています。

したがって、理由は人によってさまざまであるため、それぞれが社会とうまく折り合いをつけて生きていくよりほかありません。そこで参考になるのが、17世紀オランダの

哲学者バールーフ・デ・スピノザの思想です。

スピノザによると、何事にも自分の存在を維持しようとする力があるといいます。それを「コナトゥス」と呼んでいます。

人間には本来的な活動能力が備わっているはずなのですが、外部的な要因によって、それが制限されることがあります。そんな時、コナトゥスによってそれを取り戻すことができれば、生きづらさを感じることなく自由に生きていくことができるはずだといいます。

では、どうすればコナトゥスの力を発揮することができるのか？　そのためには「変状」しなければならないといいます。変状とは、簡単にいうと外部からの刺激を受けた時に、それに対して適切に変化することです。

たとえば、嫌なことがあった時、それを我慢するのは変状とはいえません。ストレスがたまる一方です。そういう場合は、趣味にいそしんだり休暇を取ったりして、多少無理をしてでもすぐに発散した方がいいでしょう。その方がすっきりするからです。

変状とはそういうことであり、それがコナトゥスの力を発揮することにほかなりません。そんな日々の刺激に対する適切な対応が、生きづらさの解消には必要だということです。

相談者もきっと、毎日の我慢の積み重ねのせいで生きづらさを感じてしまっているのだと思います。ぜひ上手に発散することで、自由を取り戻していただきたいと思います。それが社会とうまく折り合いをつけて生きていくということの意味です。

お勧めの本

●國分功一郎著『はじめてのスピノザ』（講談社現代新書）

➡わかりやすいスピノザ入門書

カイヨワに「遊び」を学ぶ

Q

ネットで映画を見ることが多くなり、ゲームも少しやるようになりました。でも、それも飽きました。夜や増えた自宅にいる時間をどう過ごせばいいでしょうか。

（シンクタンク勤務　28歳男性）

ロジェ・カイヨワ

（1913〜1978年）　フランスの思想家。遊びのほか、神話、戦争、夢など幅広く論じた。死後、優れた哲学的研究者に贈られる「ロジェ・カイヨワ賞」が創設されている。著書に『人間と聖なるもの』など。

A

日常がつまらなければ、遊びの4要素を行動に加え、遊び上手になりましょう

そもそも人間とは遊ぶヒトの意である

これまで日本人は真面目に働くことを重視してきました。だから遊ぶのが下手なんですよね。かくいう私もそうですが。だから急に遊べと言われても、困ってしまうのです。そこで、遊びについて考えることで、いわば遊び上手になるためのアドバイスをしたいと思います。

参考にするのはフランスの思想家ロジェ・カイヨワ。もともとオランダの歴史家ヨハン・ホイジンガが、「ホモ・ルーデンス（遊ぶ人）」という言葉を提示し、新たな人間観を構築したのですが、それを発展させたのがカイヨワです。

遊びの四つの分類

人間は本来、遊ぶ存在だとカイヨワはいいます。人間はやり方次第で、なんでも遊びにすることができる能力を持っているということです。カイヨワによると、そんな遊びの本質は、「パイディア」と呼ぶ規則から自由になろうとする力と、「ルドゥス」というあえて規約に従わせる力の二つの異なる力にあるといいます。

つまり、遊びとは自由奔放でありつつ、同時に何か見えない規則に縛られているという一見矛盾した行動にほかならないのです。でも、このバランスの妙こそが人をワクワクさせる秘密でもあります。

この考えを元に、カイヨワは遊びを次の四つの種類に分類します。

一つ目はアゴン。いわば競争です。競技系スポーツがそれに当たります。ゲームもこれでしょう。二つ目はアレア。いわば運に任せた遊びです。ギャンブルはまさにそうですね。三つ目はミミクリ。模倣です。ごっこ遊びなんかが典型です。四つ目はイリンクス。めまいという意味ですが、ブランコや現代のさまざまなエンターテインメントもこれに入るでしょう。

あらゆる遊びは、これら四つのうちのいずれかに分類できます。逆に、これらの要素のいずれかが入っていれば、日常は無限に遊びの場に変えられるということです。既存の遊びは限られているかもしれませんが、ぜひこれらの要素を意識して、日ごろ自分がやっていることを遊びに変えてみてください。

例えば海外ドラマを見るにしても、友人と競って一カ月に何本見るか〝ドラマチャレンジ〟をするのはいかがでしょう。実際、私も韓国ドラマについてそんな競争をしています。こうした試みは、ある意味、本来の人間の姿に戻ることなのかもしれません。

お勧めの本

●ロジェ・カイヨワ著『遊びと人間』（講談社学術文庫）

➡カイヨワの遊びに関する考え方がよくわかる本

バルトに「テクスト」を学ぶ

Q

テレワークが定着して家にいる時間が増えたこともあり、これを機に読書の習慣をつけようと「大人買い」してきました。ところが、昔から本を読むのが苦手で、どうも作者の意図がつかみきれません。読書のコツを教えてください。（営業職　20代女性）

ロラン・バルト
（1915～1980年）　フランスの哲学者。文学理論を専門とする。日本についての独自の分析でも知られる。著書に『S／Z』など。

A

読書によって本の真の意味が生成されます。同時にそれは「作者の死」を意味するのです

読書は無限の味わい方を知るクリエイティブな営み

活字離れが叫ばれて久しいですが、つまりそれは本を読む能力の衰退を意味します。でも、大量に読めば読解力がつくかというと、そうでもありません。きちんと読むことが必要なのです。

この〝きちんと読む〟ということの意味が重要です。それは必ずしも作者の意図をつかむとか、書いてあることを正確に理解するということではありません。これに関しては、フランスの哲学者ロラン・バルトの唱えた思想が役立ちます。

バルトにいわせると、本は読者が読むことではじめて本当の意味を生成することにな

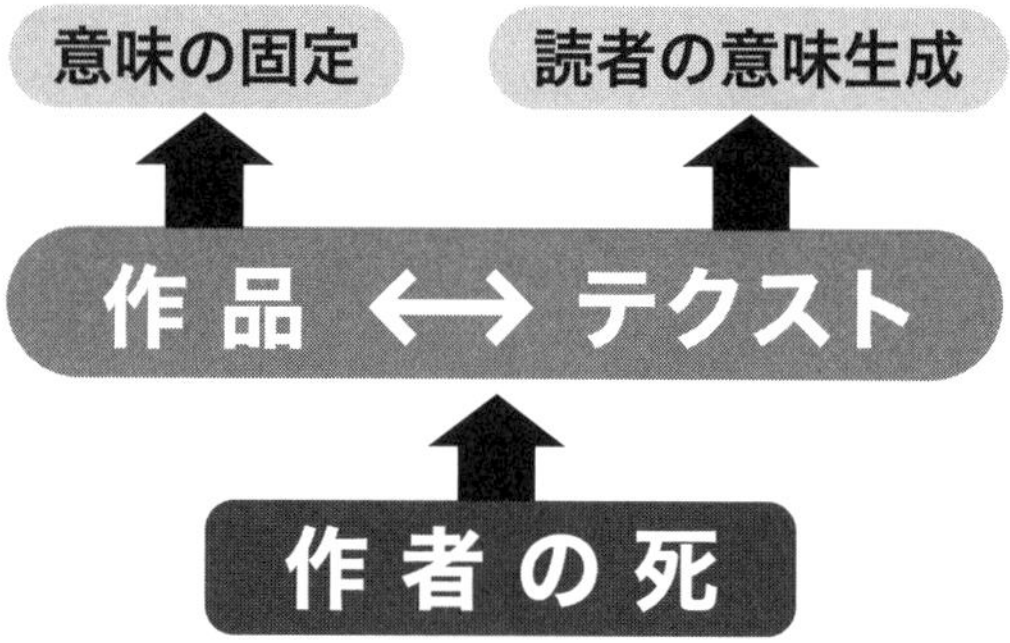

ります。その意味で、作者の意図は二の次なのです。このことを彼は「作者の死」と呼びました。

なかなかショッキングな表現ですが、バルトがここで作者と呼んでいるものは、あらかじめ決められた読み方といったような意味です。たしかに作者には意図があるでしょうから。

でも、それでは読者は単なる消費者になってしまうというのです。あたかもチョコレートを買った人はチョコレートを食べることしかできないように。

それに対して本は、もっと無限の味わい方があるはずだということです。そのことを訴えるためにバルトは、作品とテクストを区別します。作品は作者によって意味が固定されているけれども、その中のテクスト、つまり内容は読者が意味を生成するものだ、と。

だからもっと自由に読めばいいのです。バルトにならっていうなら、きちんと読むのは、自由に読むことなのだと思います。そんなふうに考えると、きっと読書が楽しくなるはずです。

もちろん作者の意図を知りたいという人もいるでしょうが、正解は本人に聞いてみないとわかりません。

余談ですが、私の本はよく入試問題や模擬試験で使われます。その際、作者の意図を書かせる問題の模範解答を見ると、私の考えと違うことが結構あります。だから相談者も心配することなく、自分なりの読み方をすればいいと思います。読書は本を書くのと同じくらいクリエイティブな営みですから。

お勧めの本

●グレアム・アレン著、原宏之訳『ロラン・バルト』（青土社）

➡バルトのすべての理論が詳しく説明されている

エラスムスに「思慮深さ」を学ぶ

Q

新しいものや事柄があると、すぐ飛びついてしまいます。周囲からは思慮深さに欠けるといわれるのですが、改めるべきでしょうか？　自分では、今の時代むしろそういう態度が望ましいのではないかと密かに自負しているのですが。（営業職　30代男性）

デジデリウス・エラスムス
（1466～1536年）　ネーデルラント出身の人文主義者、哲学者。宗教改革にも大きな影響を与えた。著書に『格言集』などがある。

A

真の思慮深さは、恥じらいと懸念を一掃した愚者にこそ宿ります

現代において、果敢な行動こそが成功への道

思慮深さに欠けるというのは、あまり深く考えずに行動に出てしまうことをいうのだと思います。たしかに、一見それは愚かな態度であるかのようにも思いますが、相談者のいうように、今の時代にはある程度必要なのかもしれません。物事の多様性や、それに伴う価値観の変化によって、いったい何が正解なのかわからない時代ですから。

とにかく試してみる勇気がいるように思うのです。そこで参考になるのが、ルネサンス期の思想家デジデリウス・エラスムスの『痴愚神礼賛』です。痴愚の女神モーリアが人間の愚かさを皮肉るという体裁の随筆です。

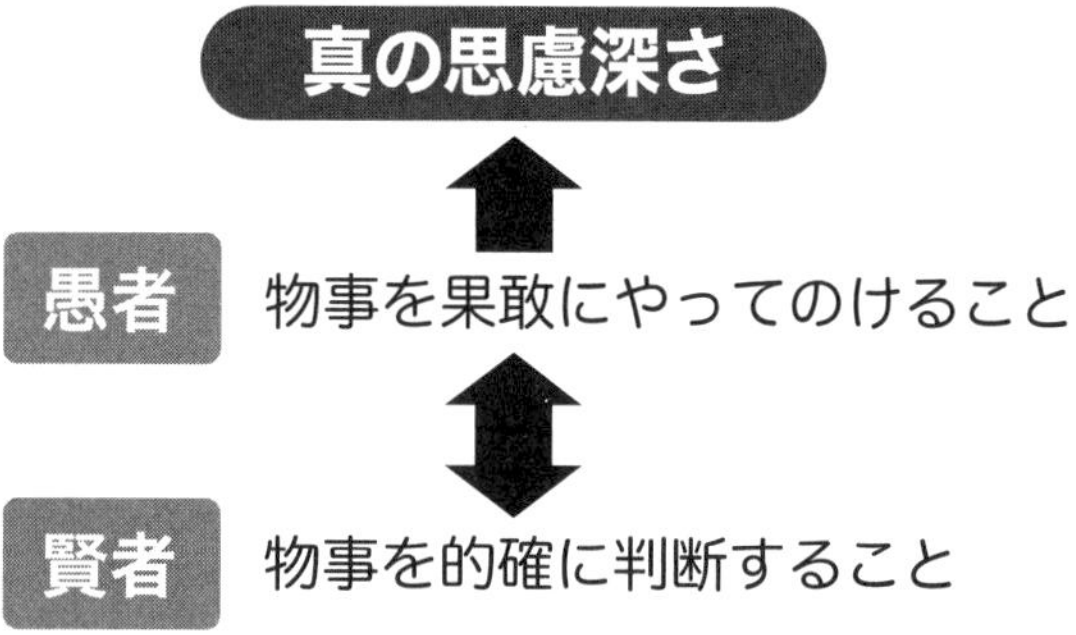

この中でエラスムスは、真の思慮深さは賢人にではなく、愚者にこそ備わっていると論じています。これは皮肉にも聞こえますが、真理を衝いています。たとえば、物事を知るうえで大きな妨げとなるものが二つあり、愚者はそれらを一掃することができるというのです。

その二つとは、恥じらいと懸念です。恥じらいは心眼を曇らせ、懸念は危険が迫ると手を引かせるからです。ただ、思慮深くないと失敗するのではないかと思われるかもしれません。

その点エラスムスは、むしろ愚者の方が真の思慮深さを実現できているといいます。物事を的確に判断することだけが真の思慮深さではないと考えるからです。真の思慮深さとは、物事を果敢にやってのけることであり、その方が成功をもたらす可能性があるというわけです。

まったく逆説的ですが、一理あるといえそうです。そもそもエラスムスは人間の愚かさに対して皮肉を述べているのですが、賢者よりも愚者の方が優れていると論じる時は、本当に痴愚を称えているように思います。

したがって、一般に愚かだと思われていることも、時代の文脈によってはそうではない可能性は大いにあります。相談者もエラスムスのようにうまく痴愚を使いこなすことができれば、何も改める必要はないと思います。ある意味で、今は現代のルネサンス期といってもいいほど大きな変革の時代なのですから。

お勧めの本

●エラスムス著、沓掛良彦訳『痴愚神礼賛』（中公文庫）
➡ラテン語から翻訳された古典で読みやすい

ソローに「シンプルライフ」を学ぶ

Q

情報過多の世の中に疲れています。最近はSNS（交流サイト）どころか、メールを見るのもおっくうになっています。

（百貨店勤務　40代男性）

ヘンリー・ディヴィッド・ソロー
（1817〜1862年）　アメリカの思想家、詩人。人間と自然の関係について思索を行った。著書に『ウォールデン 森の生活』などがある。

A 精神的豊かさの比喩となる「森」を散策し、自分と向き合ってみては

思索の森に分け入り、人生に向き合う

私も情報の洪水の中で溺れそうな日常を送っているので、よくわかります。メール、SNS、YouTube、新聞、雑誌……。いくら情報社会といえども、どこかで線を引かないと、本当に溺れてしまいかねません。そこで参考になるのが、アメリカの思想家ヘンリー・ディヴィッド・ソローの言葉です。

ソローは森の生活者と呼ばれる通り、森の中で自給自足の生活を送ったことで知られています。生活を可能な限りシンプルにし、多くの時間を思索などの精神的活動に充てたといわれます。なぜ森なのかというと、そこでは人は人生に向き合うことができるか

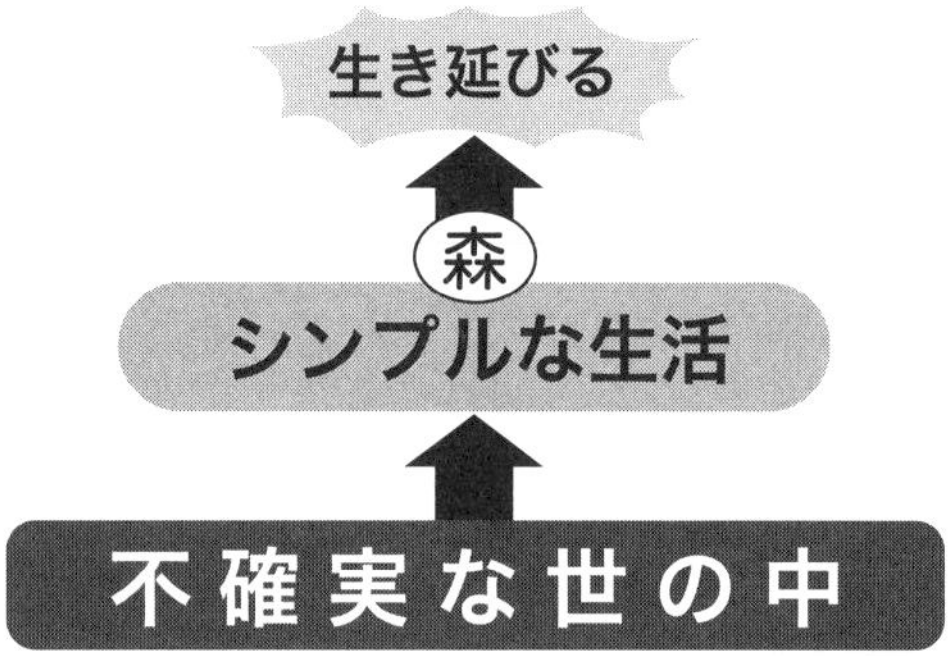

らです。
ソローにとって森は、一人になれる場所なのです。現代社会では孤独は、いけないことのように思われがちですが、むしろその状態を生かし、かつ楽しむよう説くのです。
ソローはどんなに立派な仕事でも、深みにはまるのはよくないといいます。そんな時は森に行くのがいいと。森とはある意味で精神的豊かさの比喩なのだと思います。だからソローは、人間のすべての部分を耕してしまうのではなく、森を残しておくよう呼びかけるのです。
たしかにすべての森を耕してしまったら、自然がなくなり、生き物は生きていけなくなるでしょう。それと同じで、人間もすべての部分を文化的に洗練させてしまってはいけないというわけです。日々情報の洪水にさらされるのも、森を耕す行為になるような気がします。

したがって、森を残すという行為は、生活をシンプルにするということを指すのではないでしょうか。風向きが定まらないこの世の中で、唯一生き延びるための方法こそ、このシンプルな生活にほかなりません。

不確実な世の中では、つい情報を求めがちです。でも、本当は逆で、あえて情報ソースを簡素化した方がいいということです。疲れてしまって何も見たくなるようでは本末転倒ですから。

相談者も、情報過多の日常に疲れたら、スマホを置いて森を散策してみてはいかがでしょうか。森に入ったら、くれぐれも仕事は忘れてください。そうでないと森に行く意味がないので。これもソローからのアドバイスです。

お勧めの本

● ヘンリー・ディヴィッド・ソロー著、服部千佳子訳『孤独の愉しみ方』（イースト・プレス）

➡ ソローの言葉を名言集ふうにまとめた本

前田利鎌に「自由」を学ぶ

Q

コロナ禍のニューノーマルにようやく慣れたかと思ったら、今度はポスト・コロナでまた社会は変わることでしょう。政府のいうことも二転三転しているし、何を信じて生きていけばいいのかわからなくなっています。

（生命保険会社勤務　30代男性）

前田利鎌（1898〜1931年）
大正期の日本の哲学者。禅と西洋哲学を融合させることで独自の思索を展開した。漱石の弟子としても知られる。著書に『宗教的人間』などがある。

A

「自分によって立つ」という自由の概念を忘れずに生き抜きましょう

精神の自由を手に、時代に翻弄されない生き方を

たしかに、ただでさえ目まぐるしく変わる世の中にあって、ポスト・コロナをめぐる政府の行き当たりばったりに見える対応のせいで、もう何を信じていいのかわからなくなってしまっていますよね。こんな時は、同じく時代の大きな変化の中で、大胆に思索を展開した先達の声を参考にするのがいいと思います。

たとえば近代化という、ある意味でコロナよりも大きな時代の変化の中で、キラリと光る思索を展開した前田利鎌《とがま》の思想はその一つだといえます。彼の名前を知る人は少ないと思いますが、最近評伝が出て注目されている〝忘れられた哲学者〟です。

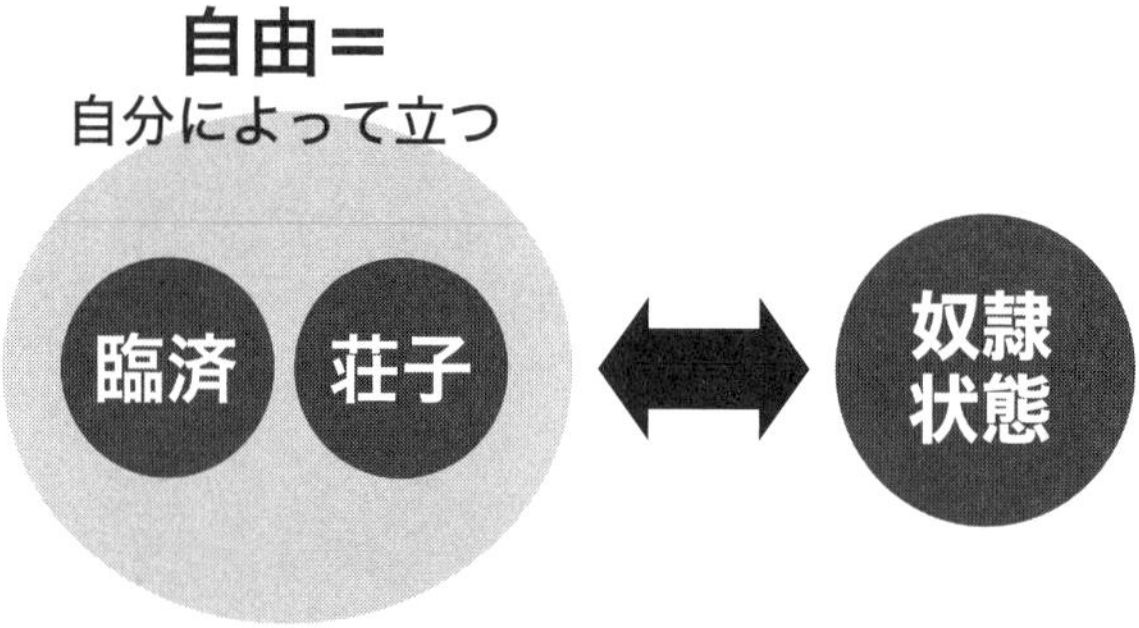

前田は夏目漱石の弟子で大正時代に活躍し、わずか32歳という若さでこの世を去った哲学者です。先の評伝では、大正時代という近代化の真っただ中で、平塚らいてうの姉を愛し、自由と愛に生きた魅力的な人物として紹介されています。前田の思想を一言で表すならば、「自由に生きることのススメ」だといっていいでしょう。

とはいえ、この場合の自由は好き勝手なことをするという意味ではありません。彼自身が禅を重視し、自らも実践していたことから、ここでは「自分によって立つ」ということを意味します。

古今東西の哲学を渉猟《しょうりょう》した揚げ句、前田が行き着いたのは臨済の禅の思想と、中国の荘子の思想でした。前田はこの両者に共通する要素として、まさに自由の概念を見いだしたのです。いわば、それは精神の自由といっていいでしょう。その対極にあるのが、奴隷状態です。

それは決して身体的な拘束を指すものではありません。ある種の知識にとらわれ過ぎていることを奴隷状態といっています。

ますます強大化していく近代国家の中にあって、いかにして確固たる個人として存在し続けることができるか。漱石の個人主義を受け継いだ前田は、自問自答を繰り返したのでしょう。あたかも臨済宗の禅問答のごとく。

ここから相談者を含め現代の私たちが学ぶことができるのは、時代の変化に翻弄《ほんろう》されることなく、いかにして自分によって立つことができるかを模索することであるように思います。

お勧めの本

●安住恭子著『禅と浪漫の哲学者・前田利鎌』（白水社）

➡前田利鎌の思想の背景がよくわかる

アウレーリウスに「時間の使い方」を学ぶ

Q

朝なかなか布団から出られないのに始まり、やらなければならない仕事に着手できないなど、どうしてもだらだらしてしまいます。もっと時間を有効に使うべきだとは思うのですが、つい明日からにしようと自分に言い訳してしまいます。

（食品加工会社勤務　30代男性）

マルクス・アウレーリウス・アントニヌス（121〜180年）
古代ローマの哲学者、第16代ローマ皇帝。ストア派の哲学を実践した五賢帝の一人。著書に『自省録』などがある。

A

生きているうちに必要なことを成し、善き人たれ

不必要な思想を見極め、切り捨てる

時間を有効に使えないというのは、かつて私も抱いていた悩みです。哲学を学ぶ前のことでした。相談者と同じように、布団からもなかなか出られませんでした。そんな時出逢ったのが、古代ローマの哲学者マルクス・アウレーリウス・アントニヌスのこんな言葉でした。「人間のつとめを果たすために私は起きるのだ」。

思わずハッとしたのを覚えています。ローマ皇帝として多忙な日常を送る中、思索を続けた人物だけあって、含蓄のある言葉でした。自分という人間は夜具の中にもぐりこんで身を温めているために創られたのか。そう問いかける彼の言葉に目が覚めました。

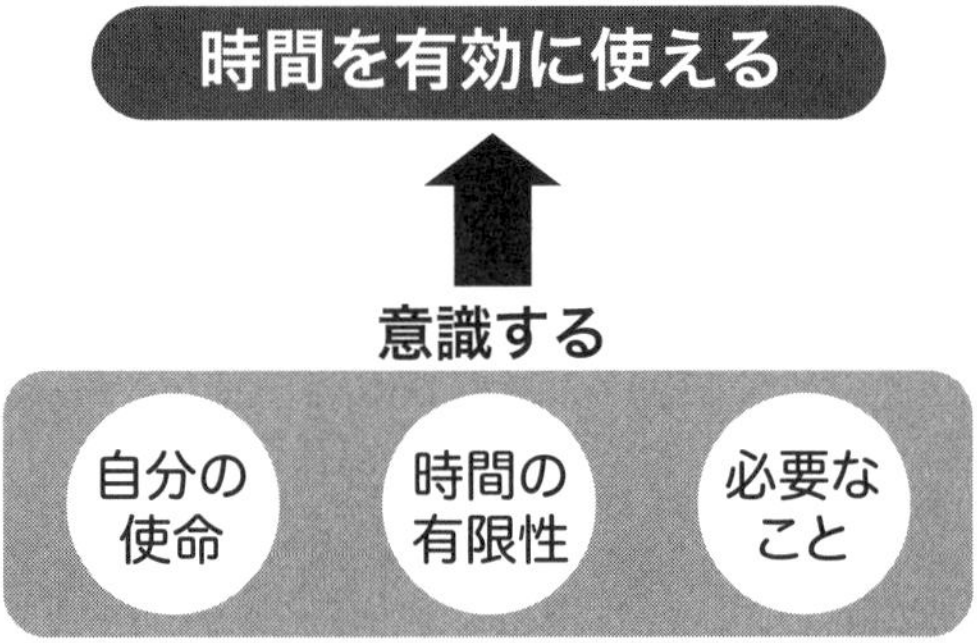

自分にも使命があるはずだと。

朝に限らず、だらだらと過ごしてしまうのは、人間の本質なのでしょう。おそらくそれは死を意識していないからです。だからアウレーリウスは、あたかも一万年も生きるかのように行動するなというのです。生きているうちに、許されている間に、善き人たれと。

そう、私たちの時間は限られているのです。では、その限られた時間をどう有効に使えばいいのか？　アウレーリウスは、必要なことのみをせよといいます。時間を有効に使うというのは、決して時間貧乏になることでも徒《いたずら》に生産性を高めることでもないのです。

そうではなくて、必要なことだけに注力することとなのです。そうすれば休息も取れるでしょう。アウレーリウスは、休息を取ることまで否定してはいません。

むしろそれは必要だとさえ考えています。そのためにも、必要なこととそうでないことの見極めが大事なのです。

その方法は、「不必要な思想」を切り捨てることだといいます。それによって不必要な行為も防ぐことができるからです。たしかに、常に何をすべきか考えているような人は、余計なことはしません。不必要な思想とは、優先順位を考えなかったり、本当にすべきことを考えないような態度のことをいうのではないでしょうか。

相談者も、自分の使命、時間の有限性、必要なことを意識するようになれば、きっと人生が変わるはずです。私の人生も大きく変わったように。

お勧めの本

●マルクス・アウレーリウス著、神谷美恵子訳『自省録』（岩波文庫）

➡アウレーリウスの箴言《しんげん》が詰まっている

カネッティに「群衆化」を学ぶ

Q

コロナ禍を経て、以前より人と会う機会が減ったからか、自分も含め、SNSのフォロワー数を増やすことに躍起になっている人が増えたような気がします。自分もフォロワー数が人と比べて少ないと不安になるのですが、いけないことでしょうか？

（造園業経営　30代男性）

エリアス・カネッティ
（1905～1994年）　ブルガリア出身のユダヤ系の作家、思想家。ナチスに追われてイギリスに亡命した。ノーベル文学賞も受賞している。著書に『群衆と権力』などがある。

A

人には「接触恐怖」を逃れるため、群衆化を目指す本能があるのです

他者との一体化は、権力に利用される危険性をはらむ

実は私も同様の不安を抱くことがあります。ＳＮＳ上のフォロワーや仲間は、本当の友達ではないことはわかっているのですが、だからこそ人数が少ないと不安になるのかもしれません。本当の友だちは、多いからいいとは限らないことを理解しているからです。

この心理を分析する際、参考になるのは、ブルガリア出身の思想家エリアス・カネッティの群衆に関する考察だと思います。彼によると、人には見知らぬものとの接触を避けようとする本能があるといいます。それを「接触恐怖」と呼んでいます。

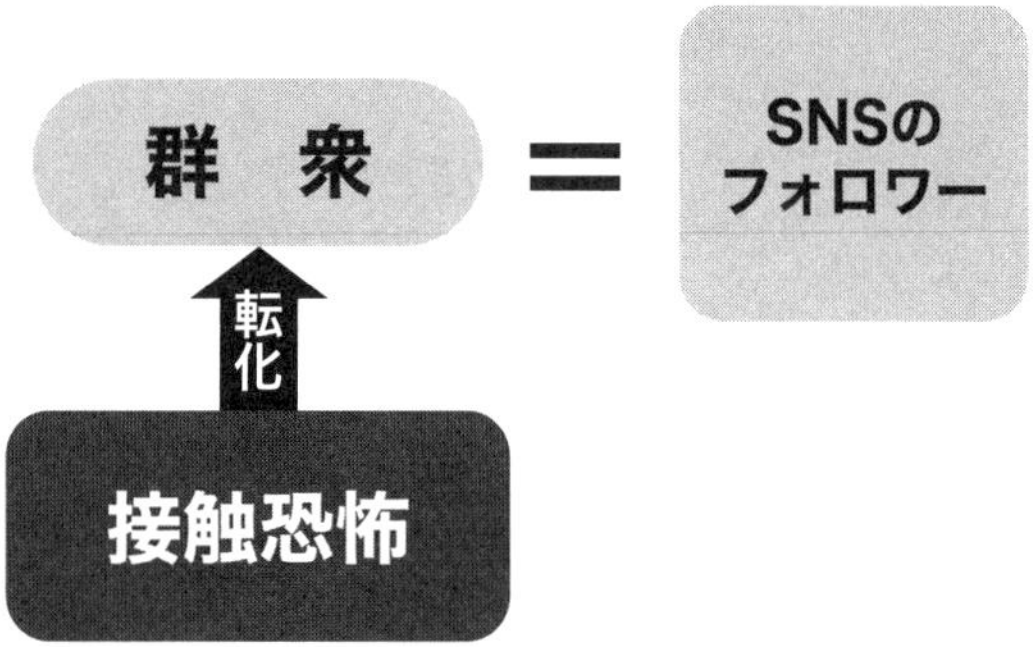

だから反対に個人間の距離をゼロにして一つになること、つまり群衆と化すことで、その恐怖を退けようとするわけです。これは「接触恐怖の転化」と呼ばれます。

そうやって接触恐怖を退けるために群衆となった人々は、その数を増やすこと自体を目的にし始めるといいます。その方が恐怖が減るからでしょう。またそうした群衆には、指導者がいない点が特徴だともいいます。なぜなら、彼らは誰かのしもべではなく平等でいたいからです。

このカネッティの群衆論は、戦前のドイツのナチズムを念頭に置きつつも、必ずしも具体的な時代や場所を特定したものではなく、むしろ抽象的、普遍的なものでした。それゆえに、バーチャル空間がリアルな空間と変わらなくなった今、ＳＮＳ上のフォロワーや仲間をカネッティのいう群衆として位置づけることも可能だと思うのです。

つまり、フォロワー数を増やしたいのは、人間の本能だから仕方ないということです。ただ、気をつけなければならないのは、カネッティも指摘したように、その群衆が権力に利用されてしまう可能性があることです。現代のＳＮＳの文脈では、それは政治権力だけを指すのではなく、巨大ビジネスや影響力のある個人なども含まれるでしょう。

相談者も、そのことに自覚的になり警戒してさえいれば、フォロワー数を増やす行為自体は、なんら問題ないと思います。

お勧めの本

●樋口恵著『エリアス・カネッティ「群衆と権力」の軌跡』（晃洋書房）

➡カネッティに関する最新の研究書

02

【心・性格】

いくら悩んでも「整わない」心と気持ちをどうすべきか

この章の回答者

フッサール
アウグスティヌス
ラカン
ラッセル
キーツ
フランクル
三木清

フッサールに「エポケー＝判断中止」を学ぶ

Q

私は人の意見に流されがちで、例えば、買い物ひとつから仕事上の大事な物事まで、なかなか決められません。自分できちんと判断できるようになりたいのですが、哲学の視点からアドバイスをもらえないでしょうか。

（高校教師　40代男性）

エトムント・フッサール
（1859～1938年）　オーストリア出身の哲学者。意識の現象をありのままに記述する現象学の創始者。著書に『イデーン』などがある。

A

判断対象を自分の中に取り込み還元。関連情報を書き出し、熟考後に判断しましょう

対象を鵜呑みにせず、いったん「エポケー」する

物事を判断するのは大変なことです。なぜなら、物事は単純ではないからです。特に現代社会においてはそうです。私もテクノロジーのことには疎いので、つい人に聞いたことを鵜呑みにしがちです。だから人の意見に流されてしまうというのは、よくわかります。

特に影響力のある人の意見は強烈で、「インフルエンサー」と呼ばれる人たちが力を持っているのは、判断が難しい時代の裏返しなのかもしれません。そこで参考にしたいのは、オーストリア出身の哲学者エトムント・フッサールの現象学的還元という考え方

です。

なんだか難しそうな言葉ですが、仕組みはシンプルなので安心してください。フッサールは、普段私たちは物事を〝素朴に〟受け止めているといいます。見たままのものを信じ、聞いたままの話を信じていますよね。そういう態度を「自然的態度」と呼ぶのです。放っておくと、人間は自然にこういう態度をとってしまいがちです。

でも、この方法だと、実は物事の一部分しかとらえていないというのです。だから一部分だけを見てそれを判断材料にしても、失敗することになるのは当たり前です。

では、どうすればいいか？　フッサールはここで「対象を括弧《かっこ》に入れてエポケーせよ」といいます。エポケーとは判断中止と訳されたりしますが、ここでは今とらえようとしている物事をいったん括弧の中に入れて、いつものように、自然のままに判断するのを中止せよということです。

仮に、現時点での情報をもとに「会社が嫌だから辞める」という判断をしたうえで、括弧でくくり、ノートに書き出してみます。そして心の中に現れるその対象「会社が嫌だから辞める」理由、実態や印象などを括弧の外側に記述してみるのです。見えていない部分、人から聞いた情報以外の部分も、すべて書き出しましょう。一度自分の中に物事を取り込み還元することが大事なのです。そうして初めて人は自分なりの判断を下すことが可能になるわけです。

相談者も判断を中止し、自分の心の中でその判断対象を文字化してみるということはできると思います。ぜひ自然にまかせた判断をいったん中止して、括弧に入れ熟考する習慣をつけましょう。

お勧めの本

●竹田青嗣著『超解読！はじめてのフッサール「現象学の理念」』（講談社現代新書）

➡フッサール現象学の最もわかりやすい入門書

アウグスティヌスに「告白」を学ぶ

Q

悩み事を相談する相手がいません。別に解決して欲しいわけではなく、ただ聞いて欲しいだけなのですが、一方で自分のプライバシーを知られたくはありません。どうすればいいでしょうか?

（保険会社勤務　50代女性）

アウレリウス・アウグスティヌス
（354〜430年）　古代ローマの哲学者。プラトン哲学によるキリスト教の基礎付けに尽力し、「最大の教父」と呼ばれた。著書に『神の国』などがある。

A

コンティネンティアと呼ぶ心の調整機能を駆使し、「告白」してみましょう

集中と分散を行き来する不安定な心を整理

こんな時、キリスト教徒なら教会の中の告解室で自分の悩みや心の葛藤を打ち明けるのかもしれません。でも、日本では普通はそういう場は少ないと思います。だから親友や家族などに打ち明けるのでしょうが、それでも何もかもさらすのは躊躇するものです。

そこで参考にしたいのは、古代ローマの哲学者アウレリウス・アウグスティヌスの思想です。彼はまさに『告白』という著書の中で自らも正直な気持ちを告白し、そして告白という行為の意義自体について論じています。ただ、ここでいう告白は、決して過去の自分の過ちを懺悔するものではありません。

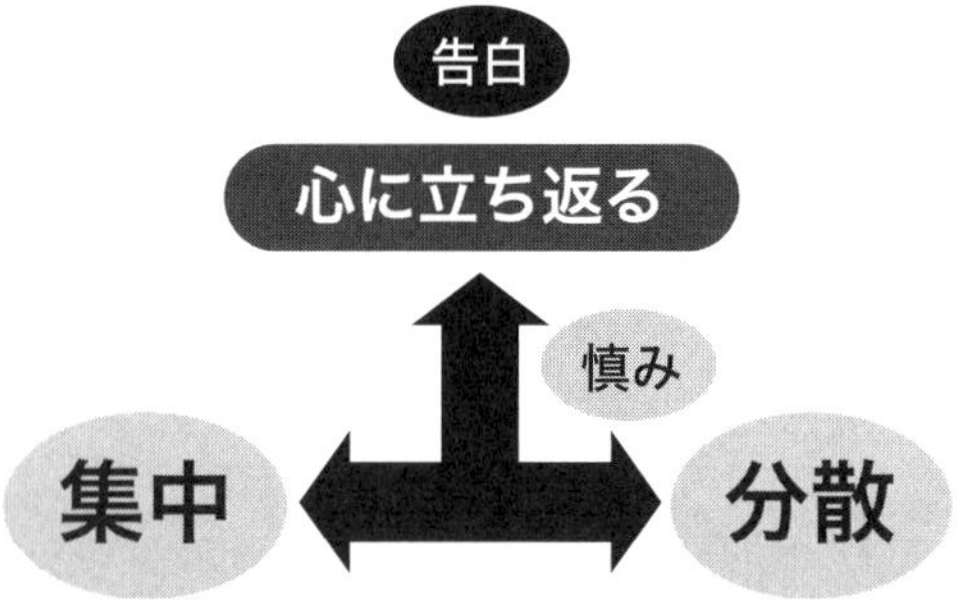

そうではなくて、自分は過去においていかなる人間だったのか、そして現在においていかなる人間なのかをありのままに打ち明けるものなのです。そうやって心の整理をするわけです。アウグスティヌスにいわせると、心は決して確固たるものではなく、むしろ集中と分散の間を行き来する不安定なものです。

だからこそ、告白という形で常に整理をする必要があるのです。心を落ち着かせるために。それこそが告白の目的であるといえます。彼が「慎み（コンティネンティア）」と呼ぶ心の調整機能を用いて、心の中心に立ち戻るのです。そうしてはじめて、私たちは心の整理をすることができます。その意味で告白という行為は、思考法の一つなのです。

これは必ずしもキリスト教徒でないとできないこと

ではないでしょう。誰だって、たとえ相手がいなくとも、自分自身に対して告白することで心の整理ができるのではないでしょうか。実際、誰かに悩みを聞いてもらうという時も、私たちは告白するかのように自分の心を整理しているのです。その時相手は、うなずいてくれるだけの存在でいいはずです。

相談者も、悩みを解決して欲しいわけではないといっているように、おそらく自分の心を整理したいのだと思います。ですから、まずは自分の心の中心に立ち返るべく、自分自身に過去と現在の自分の状態をありのままに告白してみてはいかがでしょうか。それなら一人でもできますから。

お勧めの本

●出村和彦著『アウグスティヌス』（岩波新書）

➡告白の概念がコンパクトに解説されている

ラカンに「欲望」を学ぶ

Q

物や社会的地位などは十分手に入れたと思うのに、どうしても満ち足りません。こんな貪欲な自分の性格がつくづく嫌になります。物でも地位でも、手に入れるとそれ以上のものが欲しくなるのです。

（会社役員　40代女性）

ジャック・ラカン
（1901～1981年）　フランスの哲学者、精神分析家。フロイトの精神分析を発展させ、独自の哲学概念を構築。著書に『エクリ』などがある。

A

「非-知」の態度でこれまでを振り返り、欲望＝苦悩の核の正体を知りましょう

実は手に入らないものを求め続けているから苦しい

私も欲望が強いほうなので、よくわかります。もちろんそのおかげで活動的になれるのはいいのですが、苦しみ始めると問題ですよね。そこで参考になるのは、フランスの哲学者ジャック・ラカンの考え方です。

彼はフロイトの精神分析を発展させて、独自の理論を構築したとされます。ラカンによると、人間というのは欲望を持たざるを得ない存在だということになります。というのも、人間とは言語によって存在を規定されており、それゆえに言語で形成された世界の外側にあるものに気づくことができません。

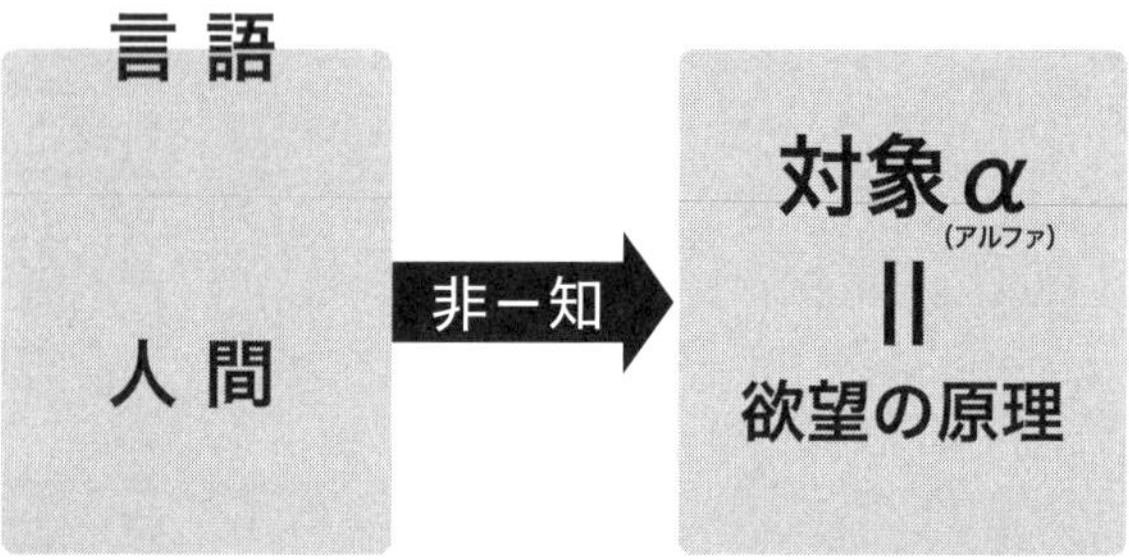

それが欲望の正体だというわけです。この欲望は、ラカンの言葉でいうと「対象α」と表現されるもので、際限のない欲望の対象とでもいうべきものです。その「対象α」のせいで、私たちは原因不明の精神的病を患ってしまうことがあるのです。

どうしても欲望が満たされないというのは、病ではないにしても、苦しみであることには間違いないでしょう。したがって、まずやるべきなのはこの対象aを見つけることだと思います。

ラカンの場合は精神分析家ですから、治療として患者と話をしながら、その話の中に対象α、つまりその患者が本当に求めているものが浮かび上がってくるのを待ちます。その際彼は、自分の知っていることに結び付けるのではなく、知らないことを自覚し、常に経験の多様性に自分を開いていく「非－知」の態度で臨むべきだといっています。

こうした分析は、ある程度自分でもできるのではないでしょうか。自分が欲望を持つのはなぜか、「非－知」の態度でこれまでの人生を振り返りながら考えてみればいいのです。具体的な物ではなく、物事全般に対して欲望を抱くということは、何か自分を不安にさせる原体験があったりするものです。

そこまでやらなくても、少なくとも、実は自分は手に入らないものを求めているから苦しいのだと気づくでしょう。それだけでも気が楽になるはずです。それが悩み解決への第一歩だと思います。

お勧めの本

●斎藤環著『生き延びるためのラカン』（ちくま文庫）
➡現代的問題に即してラカンの思想が平易に解説されている

ラッセルに「被害妄想」を学ぶ

Q

自分でいうのもおかしいですが、私は昔からできがよく周りからちやほやされてきました。そのせいか自分が重視されていないとすぐ被害妄想を抱いてしまいます。職場には優秀な人が多く、自分が袖にされているのではないかと疑心暗鬼になっています。

（ＩＴ関連会社勤務　20代男性）

バートランド・ラッセル
（1872～1970年）　イギリスの哲学者。もともとは数理論理学を専門としていたが、後に平和活動にまい進する。著書に『哲学入門』などがある。

A

自分を特別視する弊害を知り、周りを公平に評価する目を養いましょう

被害妄想を避けるための「してはいけない四つの公理」

これまで日の当たる場所を歩んできた人は、どこに行っても主役であることを期待してしまいます。でも、上には上がいますし、評価のシーンやタイミングもいろいろとあるので、常に自分が主役でいるわけにはいかないものです。

そんなことで腐っていては、いい仕事はできません。別に周囲の人はあなたを袖にしているわけではなく、往々にしてそれはご自身も自覚されているように被害妄想に過ぎないからです。

そこで、そんな誤解を避けるためにも、認識を改める必要があるように思います。

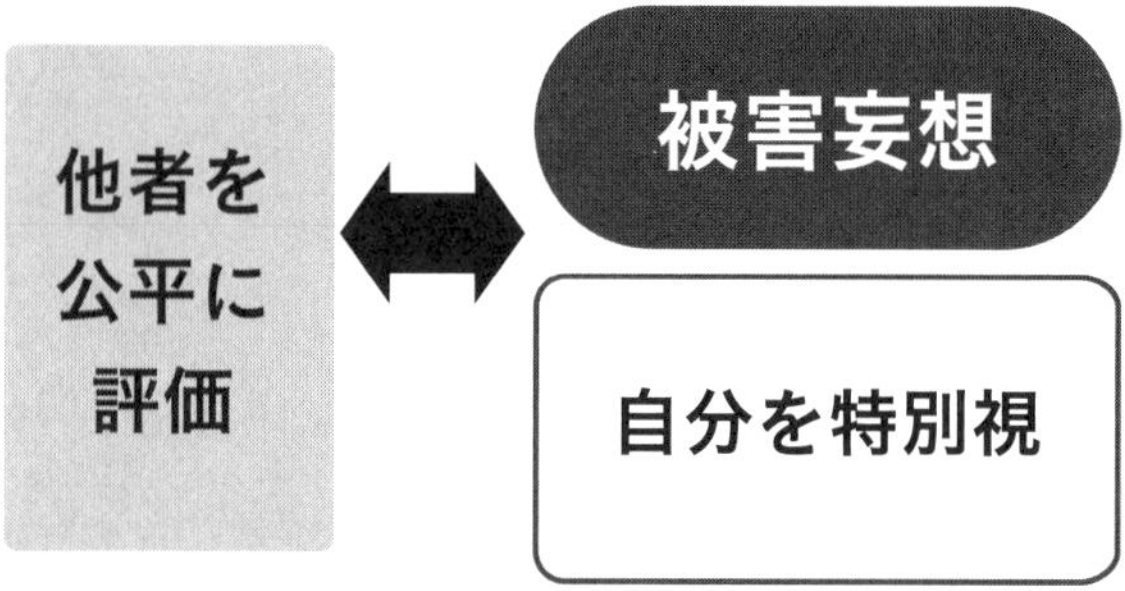

参考にするのは、20世紀イギリスの哲学者バートランド・ラッセルの説く被害妄想の予防薬です。彼は被害妄想を避けるために、次の「四つの公理」を提示しています。

①あなたの動機は、必ずしもあなた自身で思っているほど利他的ではないことを忘れてはいけない
②あなた自身の美点を過大評価してはいけない
③あなたが自分自身に寄せているほどの大きな興味を、ほかの人も寄せてくれるものと期待してはならない
④たいていの人は、あなたを迫害してやろうと特に思うほどあなたのことを考えている、などと想像してはいけない

ここに共通しているのは、自分を特別視することの弊害です。ラッセルは四つの公理を説明する中で、公的な

晩餐《ばんさん》会でスピーチをしたのに、新聞に写真が載っていないと憤慨する人の例を挙げています。これはまさに典型的な例だと思います。

スピーチをしたのは、その人だけではないのです。でも、自分のスピーチだけが特別だと思っているから、被害妄想を抱くはめになるわけです。職場でも同じでしょう。きっと同僚などは、あなたと同じようにみんなそれぞれ活躍しているのだと思います。しかし、上司でもない限り、部下自身は自分のことしか見えないので、つい自分だけが頑張っているように思いがちです。

相談者は優秀な人材のようですので、いずれは人の上に立つことになると思います。その時のためにも、ぜひ自分だけを特別視するのではなく、先の四つの公理を基に公平に、周りの人の活躍を評価するよう心掛けてみてはいかがでしょうか。

お勧めの本

●『ラッセル 幸福論』（岩波文庫）

➡被害妄想への対処法を論じている

キーツに「ネガティブ・ケイパビリティ」を学ぶ

Q

最近世の中が複雑になってきたせいか、即断できずに困っています。どちらも正しいように思えて、モヤモヤした気持ちのまま引きずってしまうのです。先日も早期退職募集があったのですが、勇気がなくて手を挙げませんでした。それでよかったのかどうかもわからず、日々悶々としています。

（営業職　55歳男性）

ジョン・キーツ
（1795～1821年）　イギリスロマン主義の詩人。わずか25年の短い人生の中で生み出した、自然や人間の美に関する数々の詩で知られる。詩集に『エンディミオン』などがある。

A

不確実な時代には、不確実な状態をそのまま受け止める消極的受容力が必要です

真に正しい選択をするためにさまざまな可能性を残す

現代はＶＵＣＡ（ブーカ＝将来予測が困難な状況）と呼ばれる不確実な時代に加え、新型コロナウイルスの猛襲を受けたせいで、一層先を見通せない世の中になってしまいました。だから何が正しいのか、どんな選択をしたとしても不安が残ってしまうのです。

その意味で、今は不確実なままの状態を受け止められる強い力が必要な気がします。そこで参考になるのが、19世紀初頭のイギリスロマン主義の詩人ジョン・キーツが唱えた「ネガティブ・ケイパビリティ」です。日本語では、消極的受容力などと訳されたりすることもあります。

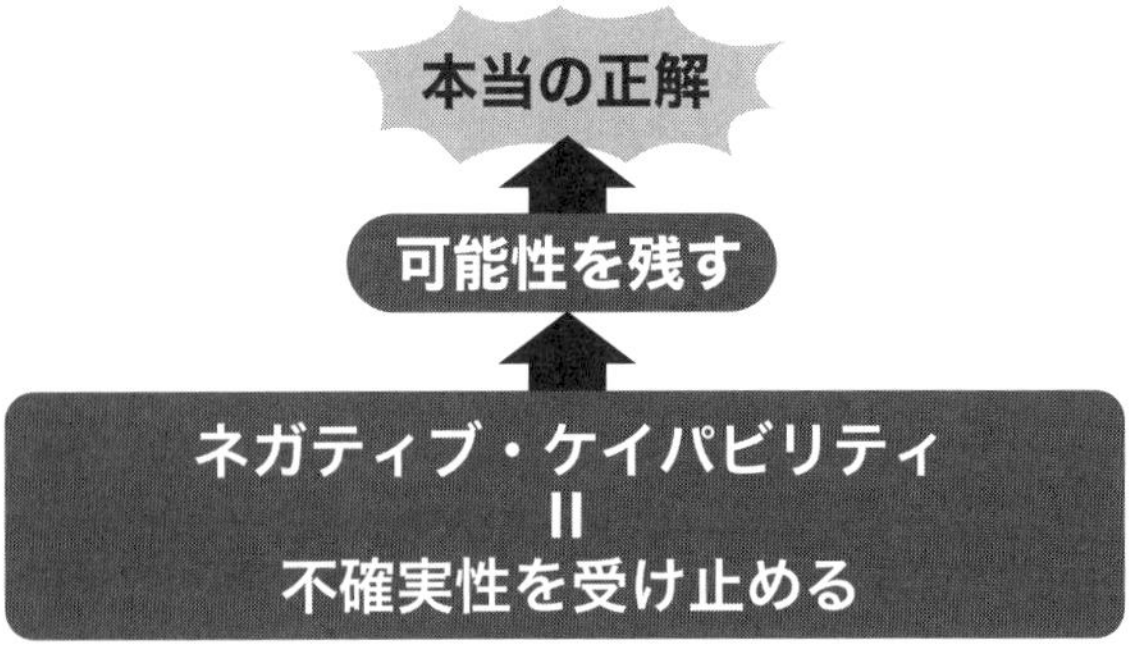

もともとキーツは、詩人や作家の取るべき望ましい態度としてこのネガティブ・ケイパビリティについて論じていました。一言でいうと、不確実なものや未解決のものをそのまま受け止める能力のことです。これによって人は、拙速に答えを出してしまうのではなく、本当の正解を導くためのより多くの可能性を残した状態でいられるというわけです。

詩などの文学的表現には、まさにそうした可能性、つまり余韻みたいなものが求められるといっていいでしょう。それは、あらゆる物事に当てはまるものでもあります。現にその後、この考えは精神医学などに応用されています。物事が不確実な場合は、拙速に答えを出しても、それが正しいとは限りません。だから、人はいつまでもモヤモヤしてしまうのです。

だとするなら、いっそ不確実性をそのまま受け止めればいいのです。そうすれば、悩む必要はなくなります。それどころか、後で事態がはっきりした時に、さまざまな可能性の中から本当に正しい選択をする余地が残るのです。ただ、ここには不確実性に耐えられさえすれば、という条件がつきますが。

そうはいっても、何かを選ばなければ、前に進まないこともあるでしょう。その場合は、成り行きに任せればいいのです。今回のケースでいえば、早急に早期退職募集に手を挙げる必要はないということです。自分の気持ちや状況に身を任せながらモヤモヤを払拭《ふっしょく》することだけが、今唯一できる正しい選択といえるでしょう。

お勧めの本

●谷川嘉浩他著『ネガティブ・ケイパビリティで生きる』（さくら舎）

➡ネガティブ・ケイパビリティに関するわかりやすい解説書

フランクルに「苦悩」を学ぶ

Q

なんでも深刻に考え過ぎて、すぐ悩んでしまう性格で困っています。もっと気楽に生きたいのですが、些細なことでも気になってしまいます。職場でもいつも難しい顔をしているといわれます。何か解決方法はありませんでしょうか。

（アパレル業　40代女性）

ヴィクトール・エミール・フランクル
（1905〜1997年）　オーストリア出身の思想家、精神科医。ナチスの強制収容所に収容された経験を持つ。著書に『夜と霧』などがある。

A

苦悩とは自分の一部であり、否定的な感情を内面的に保持する能力です

人間は苦悩する存在＝ホモ・パティエンスである

能天気という言葉がありますが、私もたまにそういう性格がうらやましくなることがあります。何事も深く考えずに生きていけるなら、どんなに楽か。でも、人間はそういうわけにはいかないのですよね。

程度にもよりますが、どうしても悩んでしまうのが人間です。それは他の動物との違いといってもいいでしょう。その意味で、「人間は苦悩する存在（ホモ・パティエンス）」だと表現したオーストリア出身の思想家ヴィクトール・エミール・フランクルの考え方には共感します。ナチスの強制収容所に送られ、自らも苦悩の人生を送った人物です。

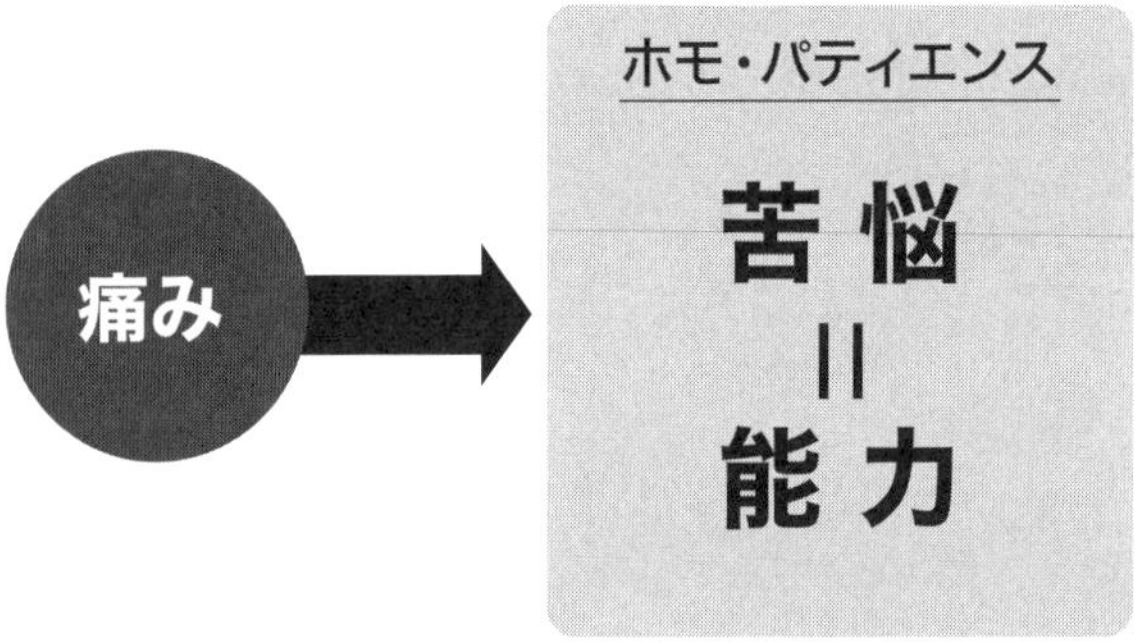

ただ、フランクルの場合、人間がどうしても悩んでしまうという性質を、決して否定的にはとらえていません。彼はまず、痛みと苦悩の違いをはっきりさせます。痛みとは外部から一方的に与えられるものであるのに対して、苦悩とは内面的に保持されたものであり、いわば自分自身と分かちがたく絡み合ったものだというのです。

その意味で、苦悩は自分の一部であり、さらには能力でさえあるといいます。つまり、私たちが抱える否定的な感情を、自分の内側で内面的に保持する能力だということです。それができない人は、否定的な感情をすぐに表に出してしまいます。

その典型が「キレる」という行為でしょう。誰しもが不満を持ちます。その不満をすぐ人にぶつけてしまうようでは、事態は悪化する一方です。そういう人は我慢する能力がないと思われてしまいます。

これに対して、苦悩や不満を内面に保持することができれば、慎重に考え、慎重に行動することができるのです。これこそが苦悩するという能力にほかなりません。

したがって相談者も、悩んでしまうことを否定的にとらえる必要はないと思います。むしろ自分は慎重に考え、慎重に行動する能力にたけているのだと思って、自分の性格を前向きに受け止めてみてはどうでしょうか。少なくとも、悩んでしまうという大きな悩みは解決するはずです。

お勧めの本

●諸富祥彦著『知の教科書 フランクル』（講談社選書メチエ）

➡フランクル思想の入門書

三木清に「希望」を学ぶ

Q

経済の低迷からか給料は下がる一方で、仕事はうまくいきません。おまけに家族との関係もぎくしゃくしてきて、人生に希望が持てません。一体どうすればいいでしょうか？

（営業職　40代男性）

三木清

（1897～1945年）　日本の京都学派の哲学者。不遇の人生を送りつつも、「構想力」の哲学を樹立。『人生論ノート』は終戦直後のベストセラーに。

A

人生で断念するものを明確にし、それを推進力に希望の形成を行いましょう

感情で突き進みながらも理屈で考える「構想力」

問題が重なると生きるのがつらくなりますよね。人生とは何と虚《むな》しいものなのかと落ち込みます。

日本の哲学者・三木清によると、人間という存在はそもそも虚無の中に生きているといいます。でも、その混沌《こんとん》とした虚無の中で、なんとか希望を見いだしながら生きるのが人間なのです。三木の言葉でいうと、希望を形成しながら生きるのが人間なのです。

その意味で、生きるということはイコール希望を持つことだともいいます。実は三木自身が、家族との死別、仕事での挫折、戦争という自分の力ではどうにもできないもの

に翻弄されながら、虚無の中であがいてきた哲学者でした。だからこそ『人生論ノート』というエッセーの中で、希望について力強い言葉を残すことができたのです。

　では、一体どうすれば、人は希望を形成することができるのか？　それは三木の思想の根本にある構想力という概念に着目するとよく分かるでしょう。もともとはドイツの哲学者カントが提起したものを、三木が発展させました。三木のいう構想力は、ロゴス（論理的な言葉）とパトス（感情）の根源にあって、両者を統一し、形をつくる働きだと説明されています。

　つまり、人間が時に理屈で考えながら、時に感情に任せて何かを求める行為、それこそが構想力にほかならないのです。したがって、希望を形成する時も、私たちはまず感情に任せて突き進むと同時に、理屈で考えて現実的になっていくのだと思います。

「理屈で考える」とは、自分自身が置かれた立場から人生で何を選び、何を選ばないかを熟考する行為。あくまでもポジティブで、前に進むための行為です。そのことを三木は「断念」という逆接的な言葉で表現しています。「断念することを本当に知っている者のみが、本当に希望することができる」と。

たしかに、追求してもとうてい無理なものを断念することでしか、私たちは前に進むことができません。希望を単なる理想として終わらせるか、生きるための推進力として生かすかは、まさに断念できるかどうかにかかっているのです。相談者もぜひ、視点を変えて、何を断念できるか考えてみてはいかがでしょうか。希望を実現するために。

お勧めの本

●三木清著『人生論ノート』（新潮文庫）

➡ベストセラーになった珠玉のエッセー集

03

【友人・コミュニケーション】いつの時代も「人付き合い」は悩みのタネ

この章の回答者

ホネットに「恋愛願望の正体」を学ぶ

Q

異性の友人が欲しいのですが、うまくいきません。別に不倫願望があるわけではありません。どうすればいいでしょうか？

（再雇用勤務　60代女性）

アクセル・ホネット
（1949年～）　ドイツの哲学者。フランクフルト学派の第三世代を代表する人物。著書に『理性の病理』などがある。

A

願望の奥にある、家庭・社会・職場における異性からの評価を再考してみては

行動の原点は承認欲求にあり

年齢や結婚しているかどうかにかかわらず、異性の友人が欲しいという人は多いと思います。そのほとんどが相談者同様、別に不倫願望があるわけではないのです。逆にいうと、そのような関係では満たせない何かがあるということです。なぜ、異性の友人を求めるのか? まずはその心理を探ってみることで、問題解決の糸口が見つかるかもしれません。

参考にしたいのは、現代ドイツの哲学者アクセル・ホネットの承認論です。ホネットによると、人は他者の視点を介して自己とかかわる存在です。そして、その他者から認

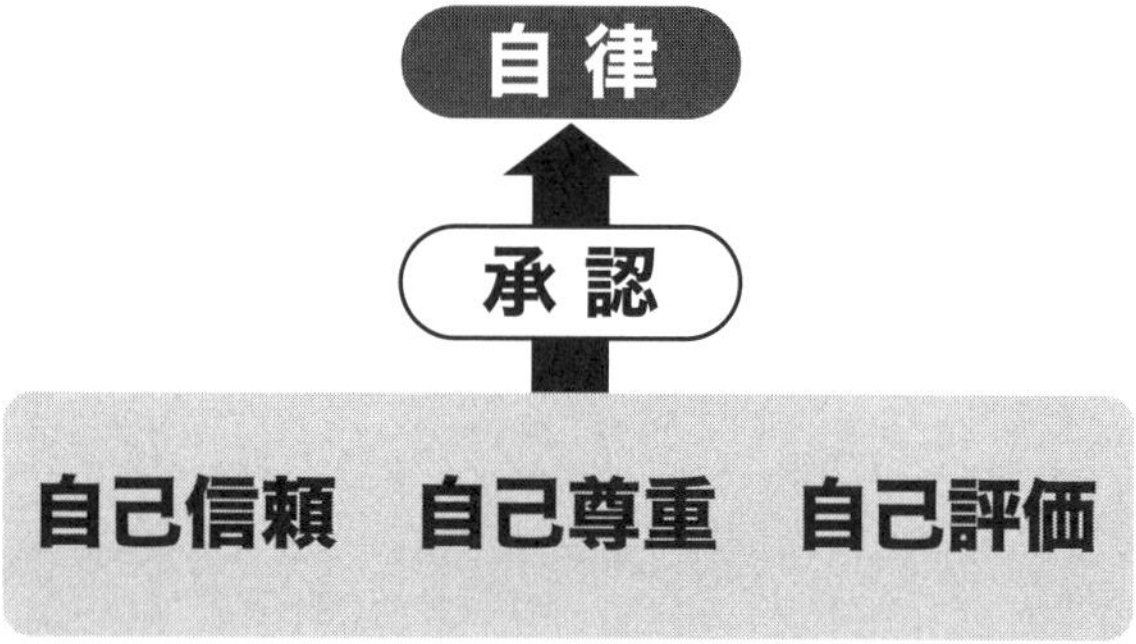

められることによって、ポジティブな自己関係を形成するといいます。

具体的には、他者との関係で自己信頼、自己尊重、自己評価の三つを得ることができるというのです。しかも、この三つすべてが必要である点がポイントです。まず自己信頼は家族との関係で得られます。家族にきちんと認められているかどうかです。次に自己尊重は法的関係の中で得られるといいます。つまり、社会の中できちんと役割を果たしているかどうかです。

さらに自己評価については、共同体における関係性の中で得られるものです。いわば職場や地域において、自分の活動がきちんと周囲から評価されているかどうかです。ホネットは、この三つをすべて満たすことで初めて、人は自律した存在として安心して生きられると主張します。自律していることは、人が自信を持って生きていくうえで不可欠の条件だからです。

だから承認を求めてさまざまな行動を取るのです。これは「承認をめぐる闘争」と呼ばれます。もしかしたら相談者が異性の友人を強く求めるのも、自己信頼、自己尊重、自己評価のいずれかにおいて、異性からの承認が欠けていることが理由かもしれません。

だとすると、問題は異性の友人を得ることではなく、もっと意外なところで解決する可能性があります。したがって相談者には、家族との関係、社会での地位、職場での評価などを今一度分析し、足りていない要素を補うことをお勧めしたいと思います。

お勧めの本

●アクセル・ホネット著、山本啓他訳『承認をめぐる闘争』（法政大学出版局）

➡ホネットの承認論がよくわかる

ベーコンに「自由と償い」を学ぶ

Q

中年になるまで独身貴族を通していたのですが、長年付き合った彼女に押し切られる形で結婚しました。でもやはり自由を失った感が否めません。この先うまくやっていけるか不安です。

（運輸会社勤務　40代男性）

フランシス＝ベーコン
（1561～1626年）　イギリスの哲学者。実験と観察を通して得られた知識によって、自然を克服するよう説いた。著書に『ノヴム・オルガヌム』などがある。

A

フラフラ夫に寛容な妻。自由と償いのバランスを意識した関係を維持して

妻子あるものは運命に担保をあずけたと思え

私も独身時代は気楽でした。当たり前ですが、結婚生活を送る今と比べると相当の自由があったからです。いったいどうすればそのギャップを乗り越えることができるのか、イギリスの哲学者フランシス・ベーコンの思想を参考に考えてみましょう。

ベーコンは結婚と独身生活について、ちょうど相談者と同じ男性の問題を取り上げています。そのうえでこういいます。「妻と子どものある者は運命に担保をあずけている」。まさにその通りです。子どもはいなくても、妻がいれば、運命は自由になりません。

普通はそれを覚悟で結婚するものですし、結婚後は腹をくくれるものです。でも、皆

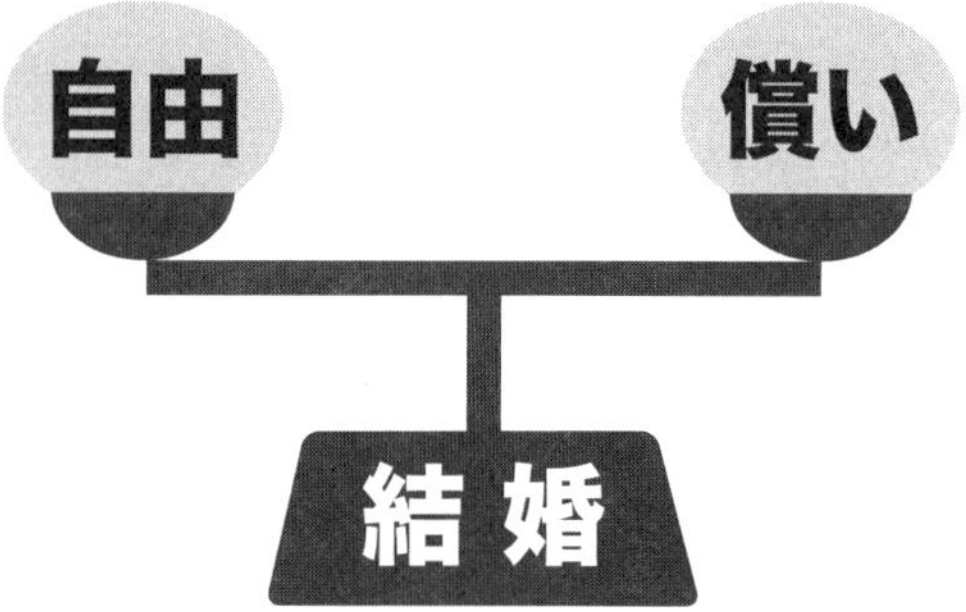

が皆そうだというわけではありません。ベーコンも、束縛に敏感な人たちは、帯や靴下まで束縛する窮屈なものだと考えると皮肉っています。
そうした人たちはできるだけ長く独身でいようとします。でも、ある時期結婚に踏み切ります。もしかしたら相談者は、自分には早過ぎたのかもと思われているかもしれませんが、決してそんなことはありません。実は中年というのはちょうどいいタイミングなのです。これはベーコンも、「若い人はまだだし、老人は全然だめだ」という賢人の考えに賛同しています。
では、タイミングじゃないとしたら、どうすればいいのか。それは奥さん次第だといいます。悪い夫にはよい妻がいるというのですが、おそらくそうならざるを得ないのでしょう。夫が自由を求めてフラフラするのですから。そうでなかったら離婚になります。

結婚生活が続くということは、自由を求める夫をうまく妻が受け入れてくれているのです。だからといって、安心してはいけません。どんなにいい奥さんでも人間です。我慢の限界もあるでしょう。あるいは離婚となれば大変なエネルギーがいります。

その意味では、結婚生活を円満に送りつつ、ある程度の自由を謳歌するには、夫の方にも努力が求められます。ベーコンも自身の愚かさの償いが大事だといっていますから。ぜひ相談者も自由と償いのバランスを意識しつつ、いい関係を続けていただきたいと思います。

お勧めの本

●フランシス・ベーコン著、成田成寿訳『随筆集』（中公クラシックス）
➡ベーコンの結婚観がよくわかる

キケローに「大人の友情」を学ぶ

Q

大人になるとなかなか友達を作るのは大変です。どうしても仕事などの利害関係が頭をよぎってしまいます。仕事で知り合った人とは友達になれないのでしょうか？

（航空業界勤務　40代男性）

マルクス・トゥッリウス・キケロー

（紀元前106～同43年）　共和政ローマ末期の政治家、哲学者。ラテン語でギリシア哲学を紹介したことで知られる。著書に『老年について』などがある。

A

正直になり、信義に基づく判断で意見が一致し始めた時、友情が芽生えます

意見の一致をもとにした好意が友情の土台

これは私もよく感じることです。すごく気が合いそうなのだけれども、どうもうまく友達になれない。飲みには行くのですが、友達にはなれていないような感じがします。大人同士、いったいどうすれば友達になれるのか？

そこで参考になるのが、古代ローマの哲学者マルクス・トゥッリウス・キケローの説く『友情について』です。親友を失った賢者が、二人の娘婿に友情について語るという体裁をとった書です。彼によると、そもそも人間には関係が近くなると結びつくという習性があるといいます。親戚などが例に挙がっていますが、職場の関係もそうでしょう。

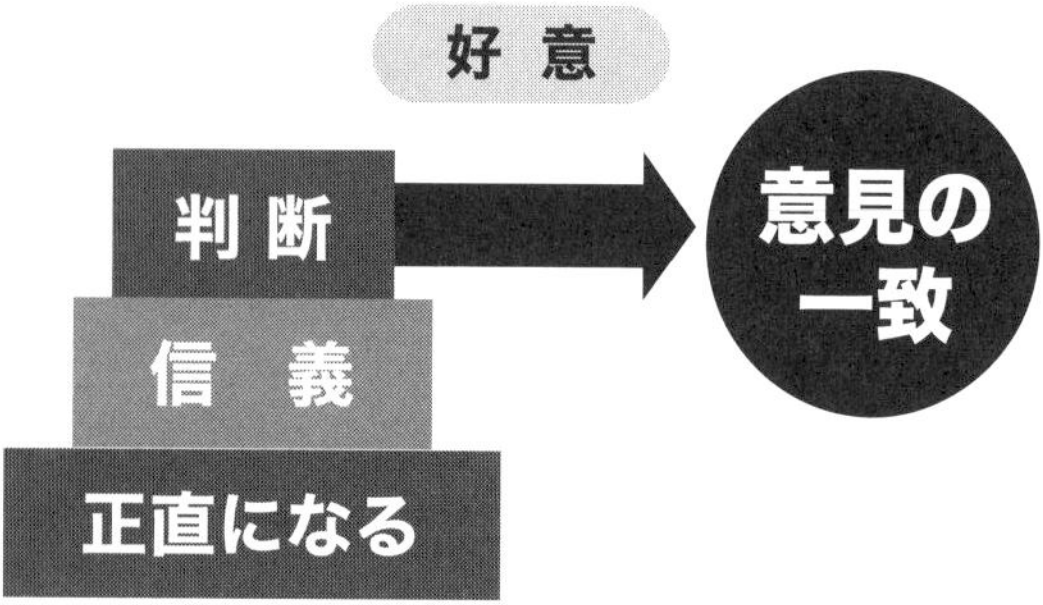

ただ、それだけでは友情は芽生えないのです。そこには好意が必要だといいます。お互いに好意を持たなければならないということです。具体的に求められるのは、意見の一致だといいます。たしかに、意見が一致すれば、好意を持ちますよね。問題は、大人の場合、つい話を合わせてしまいがちな点です。利害関係がある時はなおさらです。

キケローはその見極めが大事だと強調しています。信義に基づく言動かどうかをきちんと判断することによって初めて、好意が芽生えるわけです。もちろん、自分も嘘をついてはいけません。正直にならねば相手に好意を持ってもらうことはできないでしょう。そういう態度はすぐばれるものです。あ、この人は話を合わせているだけだなと。

つまり、正直になることで信義が生じ、それに基づいて判断することによって意見の一致が見られた時、ようやく好意が芽生えて友情になるというのがキケローの説くメカニズムです。子どもの時と違って、大人が友達を作るのは大変なのです。一緒に遊んでいるだけでは友達になれません。

でも、だからこそ大人になってからできた友達は貴重なのだと思います。数は少なくても、慎重に判断した人物だけあって頼りになるものです。このように、仕事で知り合った人とも友達になることは十分可能ですから、相談者もまずは相手に胸襟を開くところから始めてみてはいかがでしょうか。

お勧めの本

●キケロー著、中務哲郎訳『友情について』(岩波文庫)

➡物語形式になっているので読みやすい

ソクラテスに「説得術」を学ぶ

Q

仕事面で部下を説得したいのですが、今時の若者はなかなか人の話を素直に聞こうとしません。だからといって頭ごなしに怒鳴るのも、パワハラとかいわれそうで困っています。

（医療業界勤務　50代男性）

ソクラテス
（紀元前469年ごろ～同399年）
古代ギリシャの哲学者。哲学の父と称される。無知の知や問答法の概念で知られるが、権力ににらまれ死刑になる。弟子プラトンが彼の言葉を残している。

A

異なる視点で物事をとらえさせるための対話を繰り返し、説得より納得してもらいましょう

説得より納得目指す「シビレエイ話法」

人を説得するというのは、簡単なことではありません。特に若い人は経験が浅いため自分の考えに固執し、人から命令されたりすると反抗しがちです。いくらこちらが正しいことをいっても、素直に受け止めてもらえるのは期待薄です。では、どうすればいいのか？

そこで参考になるのが、古代ギリシャの哲学者、いや「哲学の父」といってもいい人物、ソクラテスです。彼はシビレエイの異名の通り、若者たちを刺激し、次々と彼らの考えを変えていきました。でも、決して説得して変えていったわけではないのです。

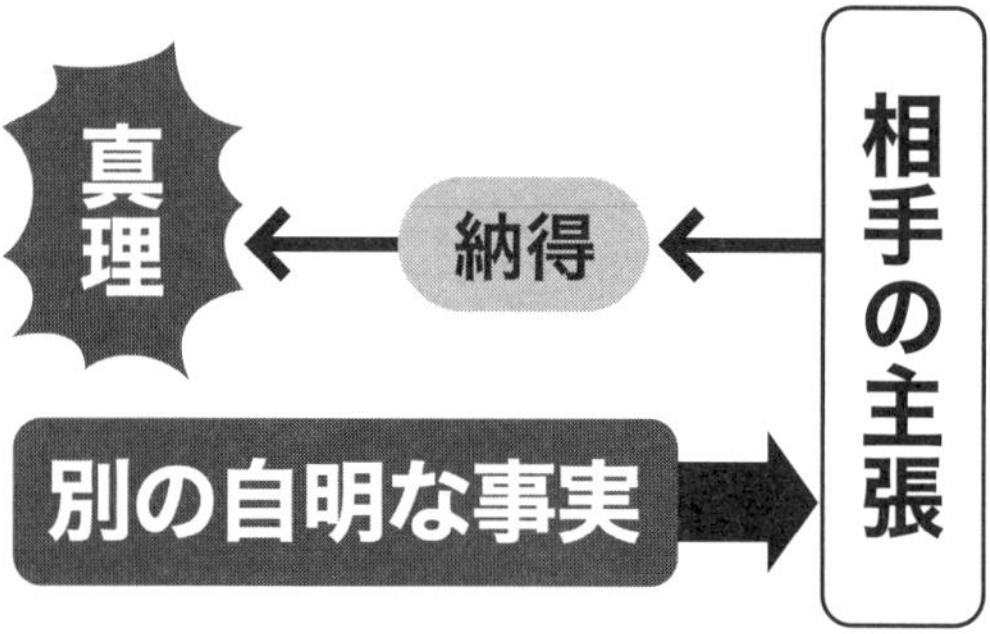

むしろ納得させていったのです。説得より納得。それがソクラテスのテクニックであり、彼が絶大なる人気を誇った理由でもあります。そのためにソクラテスは「反駁《はんばく》的対話」という手法を用いました。一般に「問答法」だとか「産婆《さんば》術」として知られているものです。

これは単なる質問ではなく、相手を納得させることで真理を導き出す方法なのです。

例えば、相手が「Pだ」というと、ソクラテスは別の自明な事実「Q」を提示することでPを覆します。つまり、Qは思い込みを疑わせるための前提となる確固とした事実で、Pよりはるかに真理に近いのです。こうして相手にQを認めさせるのです。違う視点で物事をとらえさせるということです。

すると、相手はQを認めざるを得ないので、その結果、Ｐが間違っていることを知るわけです。そうして対話はさらに掘り下げられ、相手は自ら真理へと到達していきます。

意見の押し付けではないかという人もいますが、決してそうではありません。なぜなら、相手が主張している内容も、また同様に対話のプロセスの中でさらされ、選択の判断や決断は相手自身に委ねられるからです。

したがって相談者も、部下を説得したい時には、相手が思い込んでいる事実をきちんと覆せるような（真理に近い）もう一つの事実を示し、それを突き付けることで、自ら考えさせるようにすればいいのです。人は誰かに気づかされるより、自分自身で気づいた時に初めて変わる生き物ですから。

お勧めの本

●納富信留著『哲学の誕生』（ちくま学芸文庫）

➡誤解に満ちたソクラテス像を正し、その真の姿を伝える画期的な書

ケージに「沈黙」を学ぶ

Q

人と話している時、会話が途切れた際の沈黙に耐えられません。つい無意味なことをしゃべってしまい後悔しています。どうすればいいでしょうか？

（物流企業勤務　50代女性）

ジョン・ケージ
（1912〜1992年）　アメリカの音楽家、思想家。実験音楽家として、前衛芸術や思想界に大きな影響を与えた。著書に『サイレンス』などがある。

A

沈黙とは無音ではなく、同時に音が存在する状態なのです

この世には沈黙という音源が存在する

会話の際の沈黙、あるいは何も音がない状態に耐えられない人っていますよね。私もかつてはそうでした。だから適当なことを話したり、音楽をかけたりと、常に音で静寂を埋めていた記憶があります。

でも、今回紹介するジョン・ケージの思想を知ってからは、少し変わりました。ケージはアメリカの音楽家です。が、思想家としてもよく知られています。何しろ彼の作る音楽は自らが「実験音楽」と呼ぶように、まさに実験的で前衛的なもので、非常に哲学的だからです。

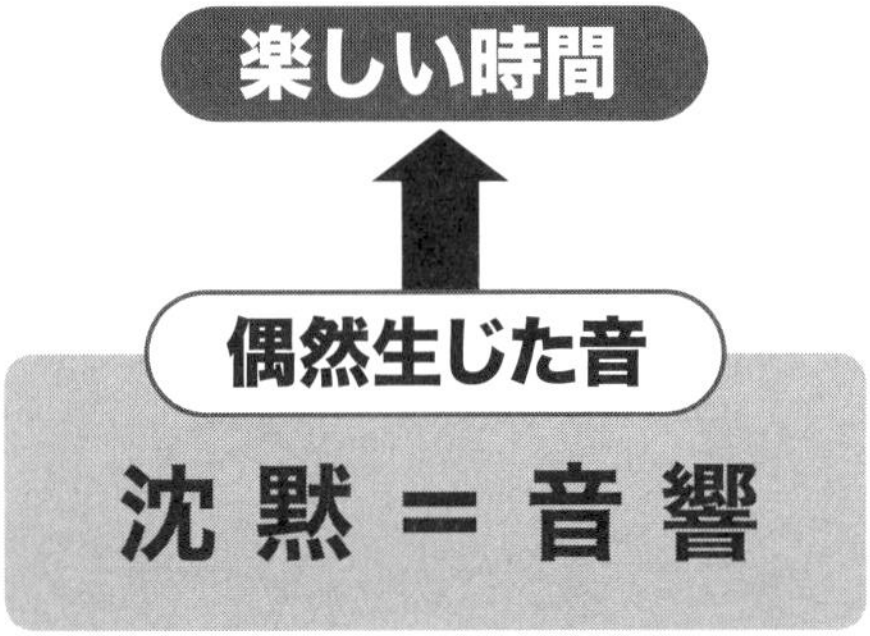

そのケージが重視したのが、「沈黙」でした。彼の代表作ともいえる『4分33秒』は、その象徴です。楽譜では4分33秒という演奏時間が決められているだけで、オーケストラは一切演奏をすることはありません。ただ、その時間偶然生じた音、例えば聴衆の咳や雑音が鳴り響くだけです。

ここでケージがいいたかったのは、沈黙とは無音ではなくて、偶然生じた音が存在している状態だということです。その意味では、いかに沈黙を作り出そうとしても、それは私たちには不可能だということがわかります。だからケージは、「私が死ぬまで音響は存在する」と主張するのです。常に何かが鳴り響いており、それは沈黙であると同時に音響なのです。植物の成長にも音が伴っているとして、キノコの蒐集《しゅうしゅう》マニアだった彼が、キノコさえも音源にしたのはそうした理由からです。

ケージ自身の比喩を用いるなら、コップ一杯のミルクを飲みたいなら、コップもミルクも必要だが、何よりなんでも注ぐことができる空っぽのコップが必要なのです。つまり、この世界には沈黙が必要だということです。

ここからわかるのは、いわゆる沈黙などないということです。常に何らかの音がしているのです。そう考えると、相談者も沈黙を恐れる必要はないように思います。

それは私たちが考えるような無ではなく、むしろ芸術にさえなりうる楽しい時空間なのですから。むしろその沈黙と思われる瞬間に聞こえる音を楽しんでみてはいかがでしょうか？　あたかも対話の相手とコンサートを楽しんだかのように感じられるはずです。

お勧めの本

●小沼純一編『ジョン・ケージ著作選』（ちくま学芸文庫）

➡ケージの思想を多面的に知ることができる

ショーペンハウアーに「ペシミズム」を学ぶ

Q

個性的な人が集まっている職場なので、気の合わない人もいて困っています。彼らとも何とかうまくやっていくコツはないものでしょうか。

（会社員　40代男性）

アルトゥル・ショーペンハウアー
（1788〜1860年）　ドイツの哲学者。膨れ上がる欲を抑えて幸福になるには、意志を否定するしかないという立場をとる。著書に『意志と表象としての世界』などがある。

A

ペシミズムの「細心と寛容の心」で幸福につながる答えを求めましょう

相手を石になぞらえ、「笑え」といってみる

私も経験がありますが、他者を変えるのは大変です。だからといって相手の方があまりにも常識や規律などから外れ、おかしい場合、自分が折れるのにも限界がありますよね。

そこで参考になるのが、近代ドイツの哲学者アルトゥル・ショーペンハウアーの思想です。彼の思想は基本的にペシミズム（厭世主義）だといわれます。つまり、世の中はどうしようもないので、諦めるしかないというのが基本的な考え方です。でも、諦めるからといって、不幸になるとは限りません。

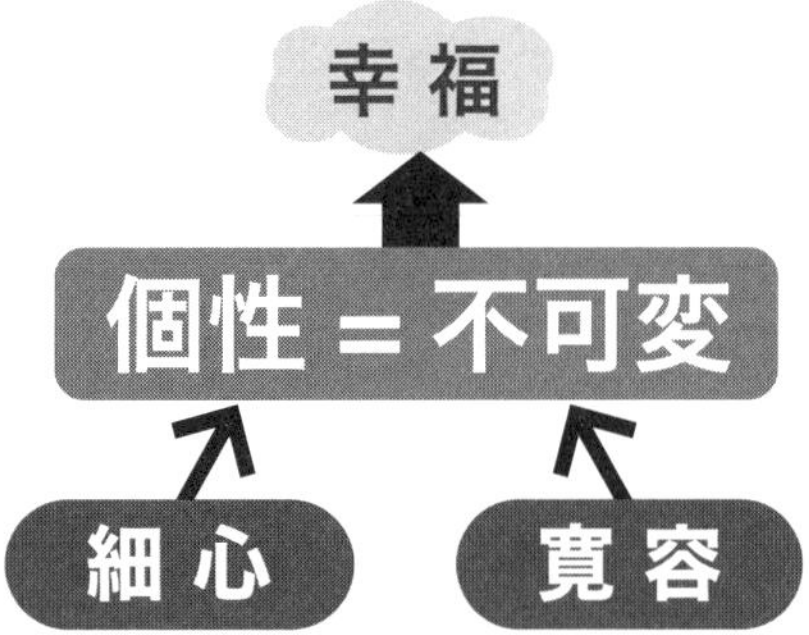

ショーペンハウアーの『処世術箴言』という人生に関するエッセーには、『幸福について』という邦題がつけられています。それは彼がペシミズムと幸福を結び付けているからにほかなりません。実際、人は欲望を諦めることで初めて幸せになれるといいます。

このことは他者との関係においても当てはまります。彼は人間の個性を自然によって定められた不可変のものととらえています。したがって、何をもってしても変えることなどできないのです。もし、それを変えようとしたら、生死を懸ける闘いを挑むことになるとまでいいます。いかにもペシミズムです。

では、どうすればいいか？　ここからがショーペンハウアーの面白いところなのですが、彼は「細心と寛容」を使い分けろといいます。細心とは、相手をよく観察して、その個性を利用せよということです。どんな人でも個性というからには、その人固有の性質があるわけですから、それを自分に害のない方向に仕向けておけば、ぶつかることはないのです。

とはいえ、そんな境地に至るのは簡単ではありません。そこで寛容の出番です。これについてもショーペンハウアーは、ユニークな提案をしています。なんと石などの無生物を相手に練習せよというのです。たしかに石に向かって笑えといっても、いうことを聞きません。だから他者の行為に腹を立てるのは、実は石に向かって腹を立てるのと同じくらい愚かだというわけです。

相談者も、いうことを聞かない無生物の態度に慣れると同時に、その上で気の合わない人をうまく利用する方法を考えてみてはいかがでしょうか。

お勧めの本

●ショーペンハウアー著、橋本文夫訳『幸福について』(新潮文庫)

➡生き方に関する一味違ったヒントが得られる

バタイユに「ホラー趣味」を学ぶ

Q

ホラーやグロテスクなものなど一風変わったものが好きなのですが、その話をすると乗り気ではない顔をされることが多く、趣味が合う人がいなくて困っています。

（自由業　30代女性）

ジョルジュ・バタイユ
（1897〜1962年）　フランスの思想家。非理性を重視し、西欧近代社会を象徴する理性主義の徹底的な批判を試みた。著書に『エロティシズム』などがある。

A

異質なもの＝聖なるものに宿る魅力や価値、畏怖の念を自ら発信してみては

自分だけが魅了されるというすごい感覚

一風変わったものが好きな人っていますよね。でもそれはその人が変わっているわけではなくて、そのものが変わっているわけです。そして変わったものがいけないかというと、決してそんなことはありません。どんなものにもなんらかの価値があるはずですから。

ただ、その価値に気づくかどうかだと思うのです。この点について参考になるのが、フランスの思想家ジョルジュ・バタイユの「聖なるもの」という考え方です。

聖なるものとは、人を畏怖させると同時に、また人を引き付けるものでもあります。

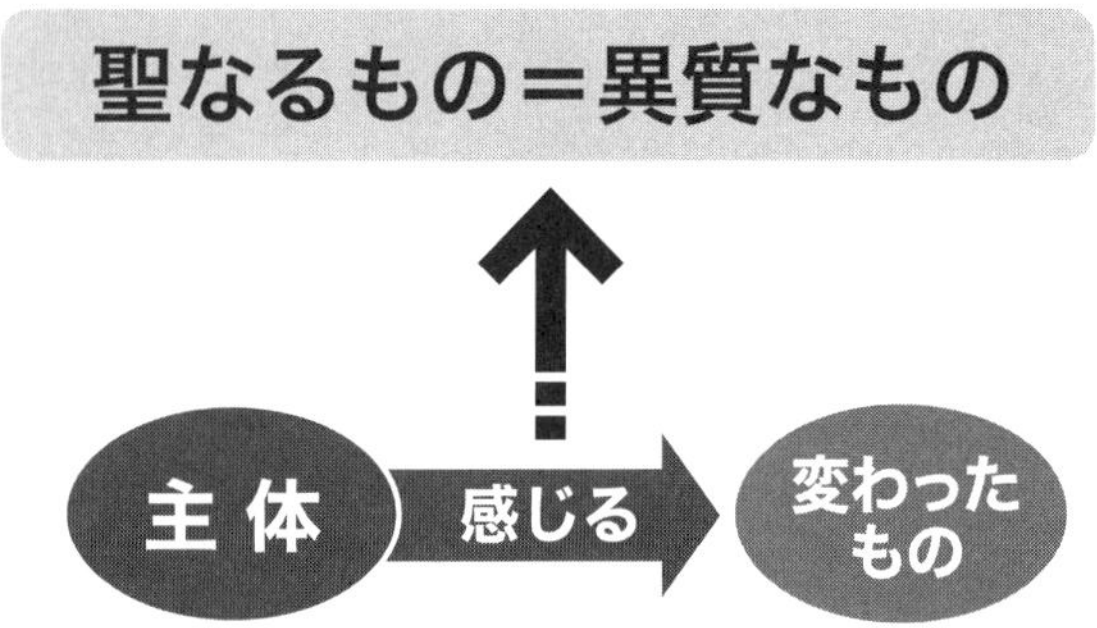

具体的に彼は、醜悪な馬の図像や不気味な挿絵、あるいは骸骨寺の地下聖堂などを挙げています。いずれも一般的に言えば、いかにもグロテスクなものですよね。これらはまた「異質なもの」とも表現される通り、通常のものとは異なっているのです。だからこそ畏怖や魅力を覚えるのでしょう。当たり前のものを目にしても、おそらく畏怖などの感覚は生じにくいでしょうから。

そう、聖なるものとは、主体が自分の中に生じる感覚にほかなりません。ですから、同じものを見ても、人によっては何も感じないこともあるわけです。逆にいうと、何かを見て自分だけが魅了されるというのは、すごいことなのです。

特別な感覚を持っているということですから。ほかの人は何も感じないか、少なくとも興味を持たないのに、自分だけがそれに魅了されるというのは、必ずしもマイナスではありません。

実はバタイユもまたそうした聖なるものに魅了されていた人間の一人でした。だからこそ、他の人にはわからないものの価値を訴えたり、世の中を違った視点で見ることができたわけです。

相談者もあえてそのセンスを生かして、みんなが気づいていないものの良さを伝えるようにしてはどうでしょうか？　共感を得ることを目的にするより耳を傾けてくれる人を待ってみるのです。誰もが躍起になって目新しい情報を求めている時代なのですから。

お勧めの本

●酒井健著『バタイユ入門』（ちくま新書）

➡一番わかりやすいバタイユの入門書

ヘルダーリンに「Z世代との付き合い方」を学ぶ

Q

ここ数年入社してきたZ世代と呼ばれる若い人たちの扱いに困っています。仕事中も頻繁にSNS（交流サイト）発信を続け、注意すると過剰にへこむ。カルチャーが違い過ぎて、接し方がわかりません。

（中間管理職　40代男性）

フリードリヒ・ヘルダーリン
（1770～1843年）　ドイツの哲学者、詩人。同時代の哲学者だけでなくロマン主義の詩人にも影響を与えた。著書に『ヒュペーリオン』などがある。

A

詩を紡ぐ手法と同じ「創造的反省」を用い、「生」の自覚を促す一言をかけましょう

「いいね」のあとの「でもね」が大切

たしかに今の10代から20代前半のZ世代と呼ばれる人たちは、これまでの若者とは少し違うような気がしますね。それは、私が学生たちと接していても感じることです。しかし、そうした人たちはこれからますます職場に増えていきます。いったい、どう接していくべきか。

私が参考にしたいと思うのは、近代ドイツの哲学者フリードリヒ・ヘルダーリンです。ただ、彼は詩人としての顔の方がよく知られています。不確実な時代の中で、繊細さゆえに葛藤を繰り返し、それでも詩を発信することをやめなかった苦悩の人生が、不思

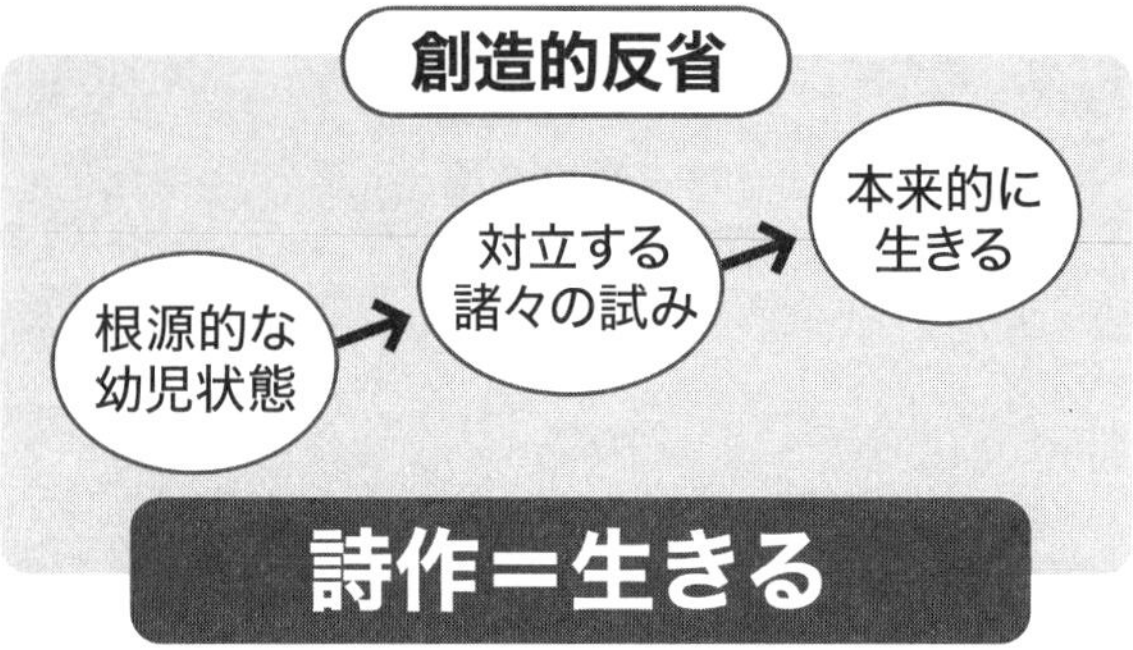

議とZ世代に重なるのです。

Z世代の若者たちもまた、この不確実な時代の中で承認欲求と繊細さに苛《さいな》まれながら、悲鳴を上げるかのごとく過剰に発信を続けているからです。

ヘルダーリンは、詩のあり方と人間の生き方をパラレルにとらえていました。彼にとって詩とは、「根源的な幼児状態」から出発し、「対立する諸々の試み」を経て、ようやく「本来的に生きる」ことを開始するものでした。言い換えると、自分の中にある想《おも》いが、外部の素材との対立を経験することで初めて、本来の自己の表現となるということでしょう。

この三段階は「創造的反省」と呼ばれるもので、詩の言葉を生み出す過程でもあります。ヘルダーリンは、そうしたプロセスと、人間が生きるということとは同じだと考えているのです。

人は外の世界にある物事と対立しない限り、本来の生を自覚することはできませんから。私も経験があるのですが、外の世界を恐れてひきこもっていては、いつまでたっても人生のよさを知ることはできません。

このヘルダーリンの議論をZ世代に当てはめると、どうしても対立の部分が弱いように思えてなりません。過剰な承認欲求は、傷つくことを恐れ、遠ざけてしまいます。だから「いいね」以外は寄せ付けないのです。

相談者も、まずは「いいね」と相手を褒めつつ、同時に彼ら自身のためにもあえて対立の機会を与えてあげてはいかがでしょうか。「でも、こうした方がもっといいと思うよ」と。

お勧めの本

●フリードリヒ・ヘルダーリン著、川村二郎訳『ヘルダーリン詩集』（岩波文庫）

➡ヘルダーリンの生に対する想いが伝わってくる詩集

04

【老いと死】

人は必ず老いて死ぬ。
わかっているからこそ尽きぬ悩み

この章の回答者

西田幾多郎
ジャンケレヴィッチ
アラン
モラン
キルケゴール
上野千鶴子

西田幾多朗に「死者との向き合い方」を学ぶ

Q

長年介護に苦労した父が亡くなりました。ほっとするかと思ったら喪失感で何もやる気が出ません。どうしたらいいのでしょうか？

（高校教諭　50代女性）

西田幾多郎
（1870〜1945年）　日本の哲学者。京都学派の創設者と称される。京都の観光名所「哲学の道」は西田が思索したことに由来する。著書に『善の研究』などがある。

A

死に積極的に向き合い悲しみ抜くことで、次の一歩を踏み出すことができるはず

思い出してあげることが死者への心づくし

今までそばにいた近しい人が亡くなった時、私たちはとてつもなく大きな喪失感を覚えるものです。人は一人で生きているのではなく、常に誰かと共に生きているからです。その誰かが心の支えとなってくれるからこそ、人生という荒波を乗り越えていけるのだと思います。

だからその人の死は大きな喪失感をもたらすのです。たとえそれが介護をしていた家族であって、その介護から解放されるという安堵を伴うとしても。そこから立ち直るにはどうすればいいのか？

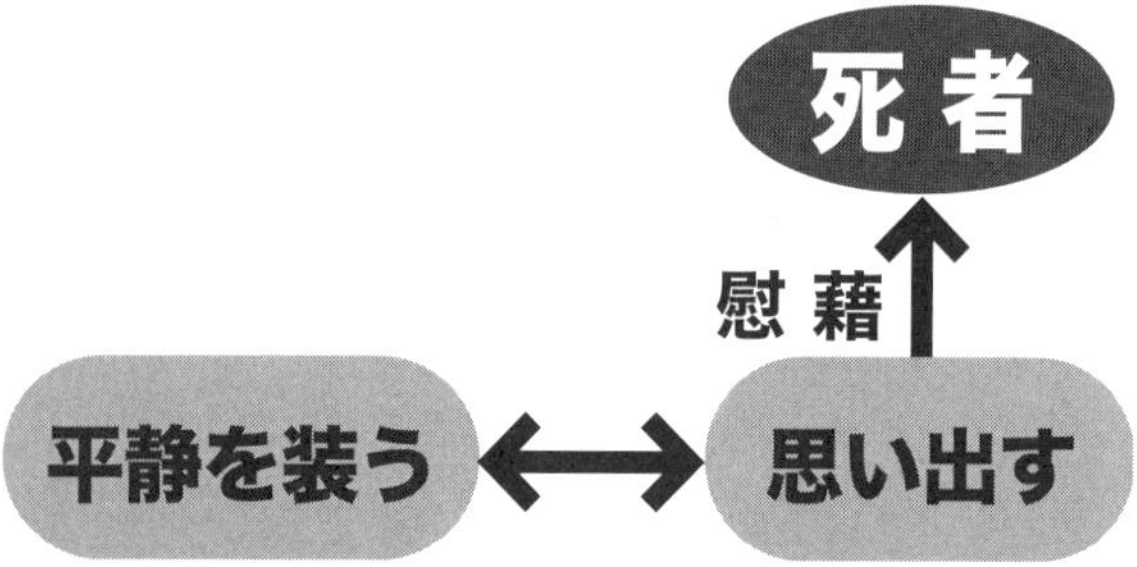

今回参考にしたいのは、まさに同じような苦しみを味わう中で、自らにいい聞かせるかのように言葉を紡ぎ出した日本の哲学者、西田幾多郎です。実は西田は、病気などが理由で5人の子どもたちを失ってしまいます。その悲しみについて、彼が「我が子の死」という文章を記したのは、次女が4歳で亡くなった時のことでした。

その中で西田は、折にふれ物に感じて思い出すのがせめてもの慰藉《いしゃ》であり、死者に対しての心づくしなのだといっています。大切な人を失った時、私たちは喪失感に苛まれ、何をする気も起きないということがあります。あるいは逆に、その辛い事実から目を背けるために、死者のことをあえて心から締め出し、平静を装って生きようとします。思い出すと苦しみに押しつぶされそうになるから。

でも西田はそれではいけないというのです。なぜなら、私たちにできるのは、亡くなった人のことを思い出してあげることだけだからです。それこそがせめてもの慰藉、つまり慰めになるということです。悲しみから逃げたり、苦しさを抑え込むのではなく、亡くなった人のためにあえて悲しみを受け止める。それが死と向き合いながら生きていかねばならない人間にとっての宿命なのだといいたかったのでしょう。

だから相談者も、むしろお父様の死に積極的に向き合い、思いっきり悲しむことで初めて、次の一歩を踏み出すことができるのではないでしょうか。それこそが、亡くなったお父様の望んでいらっしゃることでもあるはずですから。

お勧めの本

●藤田正勝著『西田幾多郎』（岩波新書）

➡西田の人生の悲哀が詳しく紹介されている

ジャンケレヴィッチに「悩み抜くこと」を学ぶ

Q

長生きはしたいのですが、介護や支援がないと自由に動けないというのなら、もはや幸せとは思えません。安楽死を合法的に認めている海外で死を選択するのはいけないことでしょうか？

（百貨店勤務　60代男性）

ヴラジーミル・ジャンケレヴィッチ

（1903〜1985年）　フランスの哲学者。死についての哲学のほか、音楽論でも知られる。著書に『イロニーの精神』などがある。

A

医師が担う問題ですが、人は最後の1秒まで悩み抜くことをあきらめてはいけません

どんな病気も治療の可能性を内包している

自由に動けない、そして激しい痛みに襲われている。さらには治る見込みもない。そうなれば、誰しも一旦は絶望を覚えるでしょう。そして、このままならいっそ死んでしまった方がいいと思うのもよくわかります。

そうした人々を積極的に死に至らしめる安楽死は、人間を絶望から救うための概念だといえるのかもしれません。ただ、その是非については賛否があります。少なくとも日本では安楽死を法律で認めていません。したがって、本人の意思による安楽死に加担した場合、医者であっても刑法上嘱託殺人罪等の対象となります。

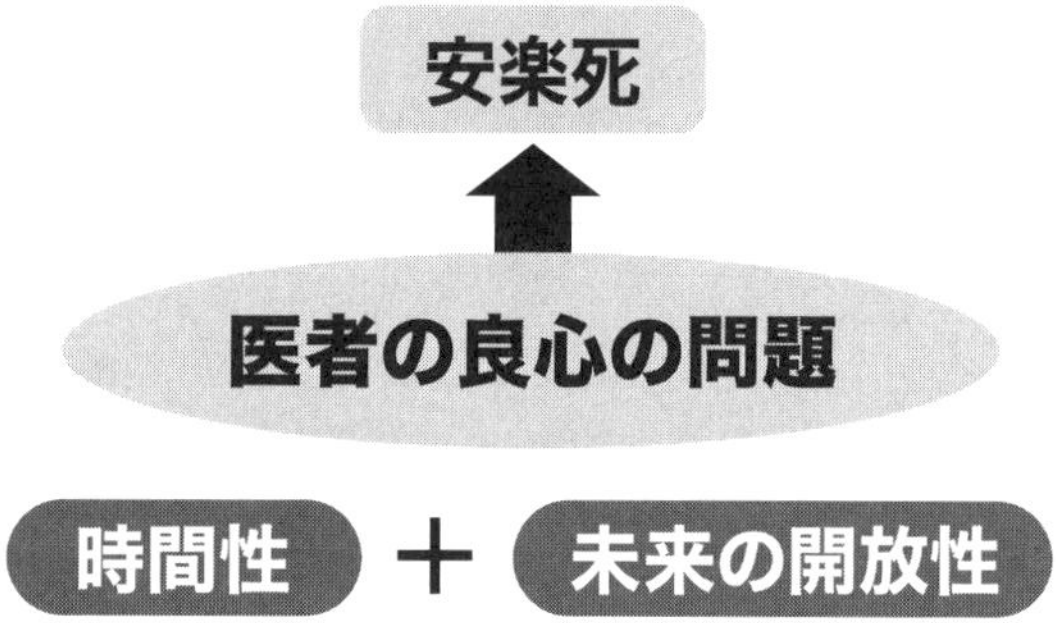

ところが、海外では安楽死を認めているところもあるのです。言い換えると、絶対的な悪ではないということです。はたして安楽死についてどう考えればいいのか。参考にしたいのは、フランスの哲学者ヴラジーミル・ジャンケレヴィッチの思想です。

彼は安楽死に原則賛成する立場から、この問題を哲学的に論じています。ジャンケレヴィッチにいわせると、そもそも私たちは二つの問題を混同しているようです。例えば自殺の選択のように人が自分の生と死に対して権利を持っているということと、医者の良心の問題との混同です。

安楽死は、自殺とは異なり、あくまで医者の良心の問題だというのです。なぜなら、医者は人の命を救うのが仕事だからです。ジャンケレヴィッチは、人の命について基本的にこう考えています。「死んでいないひとは生きている、最後の一秒まで」と。

だから人の命を救うべき医者は、最後の最後まであきらめてはいけないのです。つまり時間性と未来の開放性を信じなければならないといいます。人は時間の中を生きており、どんな病気も常に未来における治療の可能性に開かれているということです。

原則安楽死に賛成しつつも、ジャンケレヴィッチがその制度化や実行に慎重なのは、そうした人間存在への希望があるからなのでしょう。したがって、仮に私たちが絶望に駆られ安楽死を選択するにしても、最後の最後まで悩み抜くことをあきらめてはいけないのです。

お勧めの本

●ヴラジーミル・ジャンケレヴィッチ著、原章二訳『死とはなにか』（青弓社）

➡ジャンケレヴィッチの安楽死に対する考えがよくわかる

アランに「上機嫌の効用」を学ぶ

Q

とにかくがんになるのが心配です。とは思いつつ結果が怖くて健康診断には行けません。どうすればいいでしょうか。

（製造業　40代男性）

アラン
（1868～1951年）　本名はエミール＝オーギュスト・シャルティエ。フランスの哲学者。長年にわたり新聞にプロポと呼ばれる短文を連載。著書に『芸術の体系』などがある。

A

日々上機嫌で暮らす、それが重篤な病気であっても最大の治療法となります

健診を恐れるのではなく楽しんでみる

がんは治る病気だといわれるようになりましたが、それでも依然として死因の一位であり、誰もが罹《かか》りうる病気であることは間違いありません。その意味で、ある日突然自分ががんに罹るということも起こりうるわけです。

早期発見が大事だといいますが、できれば発見したくないという気持ちが生じるのはうなずけます。私も職場の定期健診のたびに憂鬱な気持ちになります。その憂鬱さでかえって病気になりそうなくらいです。

冗談みたいに聞こえるかもしれませんが、フランスの哲学者アランが病について語っ

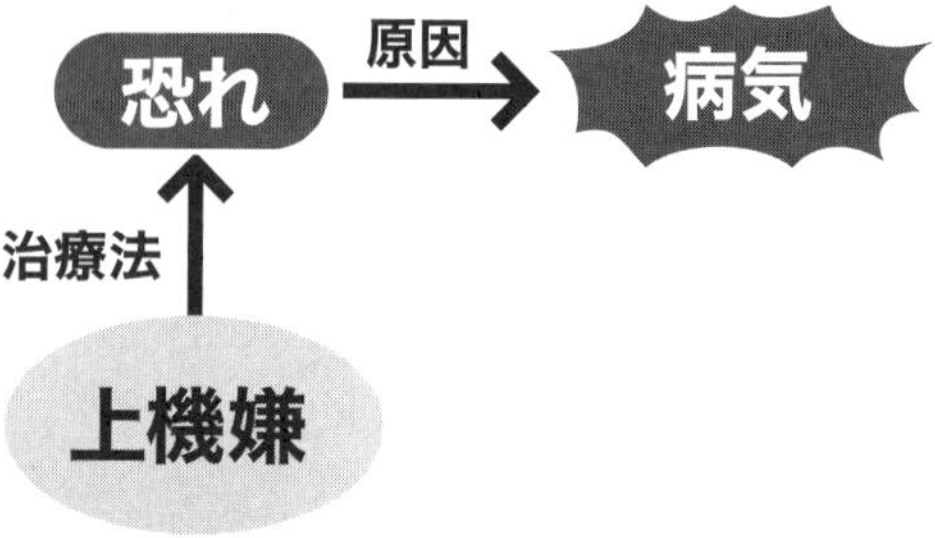

ているのは、まさにこのことなのです。彼にいわせると、病気の最大の原因は受診への恐れにあります。不安や恐怖が病気を引き起こしているというのです。受験生が突然腹痛にみまわれるのもその証拠だといいます。

受験は一時的なものなので、腹痛も一時的なもので収まりますが、がんになる不安は生涯続きます。それによって体が悪影響を受け続けるとしたらどうでしょう？

アランはこんなエピソードも紹介しています。テバイドの隠者と呼ばれる初期キリスト教徒たちは、死を望むことで結果的に長寿の人生を送ったというのです。死を含め何の恐れもなければ、病気になることはないため、かえって健康でいられたということです。

だからアランは上機嫌でいることを勧めます。それはもう治療法なのだと。私たちは日々さまざまな恐れや不安に苛まれています。でも、その都度上機嫌になることができれば、日々治療を行っているのと同じことになります。

だからがんに罹っているかもと恐れるのではなく、上機嫌で過ごすべきなのです。健診もそうです。恐れるのではなく、楽しんでみてはいかがでしょうか。健診に行けば、がんにつながるようなリスクを知り、予防することができるだけでなく、安心できるという意味でも予防になります。

そして健診に行った結果、もし仮にがんに罹っていたとしても、アランなら上機嫌になれとアドバイスするでしょう。それは心にとっても体にとっても治療法になるのですから。

お勧めの本

●アラン著、神谷幹夫訳『幸福論』（岩波文庫）

➡アランの病に対する哲学が随所にちりばめられている

モランに「不確実性」を学ぶ

Q

安倍晋三元首相銃撃事件があまりに予測不可能な出来事だったので、いまだにショックが消えません。まさか日本でこんなことが起こるとは思ってもみませんでした。

（自営業　40代男性）

エドガール・モラン
（1921年〜）　フランスの哲学者、社会学者。領域を横断して研究し、複雑思考の必要性を唱える。著書に『方法』などがある。

A

人生は不確実性の大洋を航海するがごとし。ゆえに「詩的な生活」が必要です

いいことも悪いことも享受する詩的生活を

たしかにこの事件は、政治的立場を越えて日本中にショックをもたらしましたね。銃規制の厳しいこの日本で、元首相が銃撃され、しかも亡くなったわけですから。事件の背景は解明中ですが、このショックをどうとらえ、哲学的にどう考察すればいいのか。ここではそのことに絞って話を進めたいと思います。参考にするのは、フランスの哲学者エドガール・モランの思想です。

モランは激動の20世紀を生き抜いてきた100歳を越える現役の哲学者です。ユダヤ系であることもあって、第二次世界大戦の時にはナチスに追われ、世界の数々の革命や

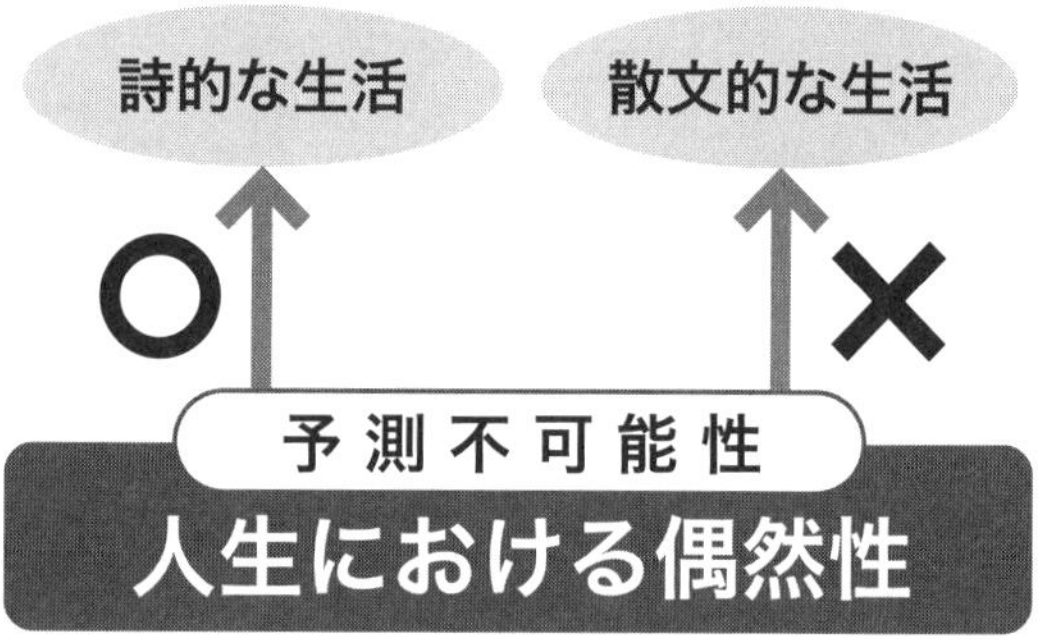

突然の軍事侵攻を目撃し、そして今は私たちと同じようにパンデミックやロシアのウクライナ侵攻に心を痛めている人物です。

だからこそ彼は、人生の予測不可能性を強調します。「我々の運命は不確実であり、思いがけないものを想定する必要がある」と。あらゆる人生は不確実性の大洋を航海することだともいっています。

その背景にあるのは、人生における偶然性という要素です。人生はサイコロを振るのとは違って、何が起こるかなんて誰にもわからないのです。まずこの認識が大事です。

そのうえで、どのようにして生きて行けばいいのか？

モランは、「詩的な生活」を勧めます。これは散文的な生活とは対極的なものとして挙げられている態度です。散文的な生活とは、量的なものばかり求め、いわば合理的に生きるということでしょう。それは予測して生きるということの裏返しです。

これに対して詩的な生活というのは、人生の可能性を享受するような生き方です。いいことも悪いことも含め、何が起こるのかわからないのが人生であるのなら、それを否定し、拒絶するのではなく、むしろ受け入れるということなのでしょう。運命を愛でるといってもいいかもしれません。

相談者も、人生は予測不可能であることを改めて認識し、そのうえで力強く生きていくためにも、その都度の出来事を少しでも人生の何らかの可能性につなげるよう意識してみてはいかがでしょうか。

お勧めの本

●エドガール・モラン著、澤田直訳『百歳の哲学者が語る人生のこと』（河出書房新社）

➡世の中や人生に対するモランの洞察がよくわかる

キルケゴールに「人生の選択」を学ぶ

Q

長引くコロナ禍を体験し、いろいろ考えるところもあり、漠然と違う生き方をしたいと思うようになりました。ただ、これまでのキャリアを無駄にするリスクもあるし、そもそも明確にやりたいことが決まっているわけではないので、どうしたものかと悩んでいます。

（医療機器メーカー勤務　40代男性）

セーレン・キルケゴール
（1813～1855年）　デンマークの哲学者。絶望や不安を乗り越えるための思想を説く。実存主義の走りともいわれる。著書に『あれか、これか』『死に至る病』などがある。

A

人生には美的選択と倫理的選択があります。決め手は「自分自身を選ぶ」ことです

「あれもこれも」ではなく、「あれか、これか」の選択を

世界的なコロナ禍のもと、自分を振り返る機会を持ったという人は多いのではないでしょうか。突っ走っているうちは、あたかも人生は一本道であるかのように感じるものです。でも、ふと立ち止まると、そこにはさまざまな選択肢があることに気づきます。

そんな選択肢を前にして、いったい何をどう選んで生きて行けばいいのか。参考になるのは、デンマークの哲学者セーレン・キルケゴールです。彼は「あれもこれも」ではなく、「あれか、これか」の選択をするのが人生だといいます。大きく分けると、人生には美的選択と倫理的選択という二つの選択肢があるといいます。

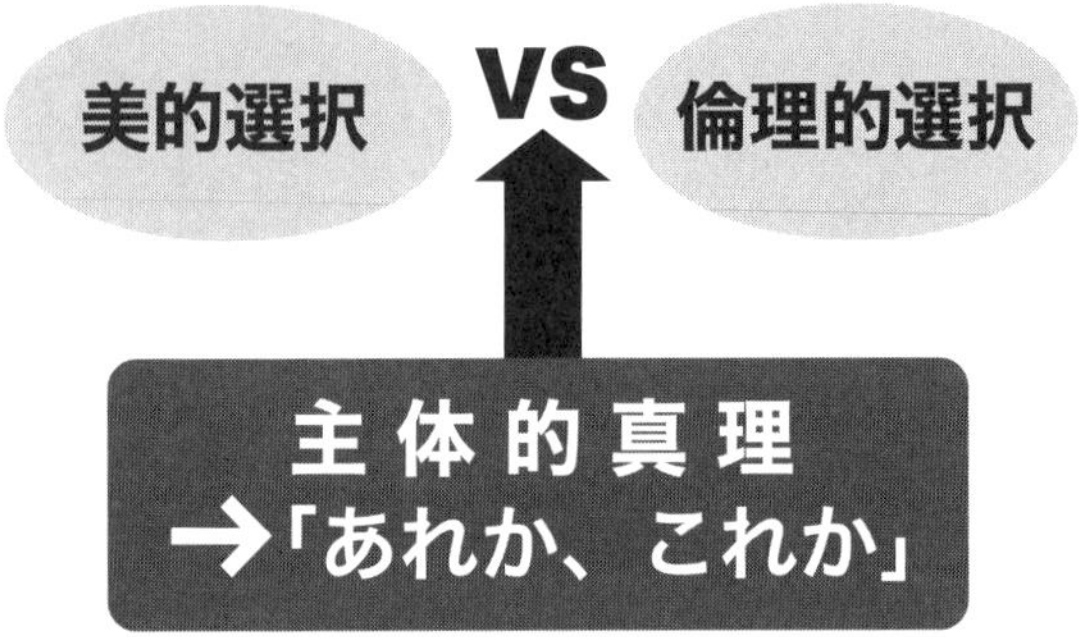

美的選択とは、享楽的に生きるという道です。いわば楽な道です。これに対して倫理的選択とは、悩みながらも自分で人生を切り拓いていく苦しい道です。キルケゴールは、自らの経験を踏まえ、倫理的選択をすべきだといいます。

その方が納得いく人生が送れるからです。人生は平坦な方が楽です。リスクもないでしょう。でも、それではいけないということです。では、変化を選ぶとして、具体的には何をすればいいのか？　そこでキルケゴールは、自分自身を選べと主張します。

正確にいうと、しっかりと自分自身を見極めれば、おのずとやりたいこと、やるべきことが見えてくるというのです。本気で選択する気にならないと、人は自分に向き合えないということなのでしょう。

大切なことは、人生を主体的に選ぶことです。人の意見や社会の常識などに惑わされることなく。言い換えると、あれもこれもと、人の意見を寄せ集めた客観的真理ではなく、主体的真理を基準に生きよということです。キルケゴールが、自分で自分の人生を切り拓いていく実存主義の走りであるとされるのは、そうした理由からです。

相談者も、変化を望むなら、まずはリスクを恐れず倫理的選択をすることです。その上で、自分自身を見極めれば、おのずと何をすればいいかが見えてくると思います。

お勧めの本

●工藤綏夫《やすお》著『人と思想　キルケゴール』(清水書院)

➡キルケゴールの人生と考え方がよくわかる

上野千鶴子に「孤立」を学ぶ

Q

私は独り身なので、定年後は仕事を通して培ったいろいろな関係が絶たれてしまいます。60代でも病気で孤独死する人がいると聞き、今から不安でなりません。

（会社員　60代女性）

上野千鶴子

（1948年～）社会学者。日本における女性学の草分け的存在。社会問題についても積極的に発言している。著書に『おひとりさまの老後』などがある。

A

存命中の孤立避け、「在宅ひとり死」を目指しましょう

孤独死より、生きている間の孤立が問題

単身世帯が増えていますから、性別や年齢を問わず孤独死の可能性は高まっていますよね。特にこれまで会社の人間関係しかなかった人が、定年後、まったく孤立してしまうような場合、不安はなおさらだと思います。

そこで参考にしたいのが、もはや思想家といってもいい上野千鶴子さんの「おひとりさま」をめぐる一連の言説です。もともとは女性学・ジェンダー研究で有名な上野さんですが、最近はそこから介護研究のパイオニアとしても活躍されています。

単身高齢者を「おひとりさま」と呼び替えることで、ポジティブなイメージに転換す

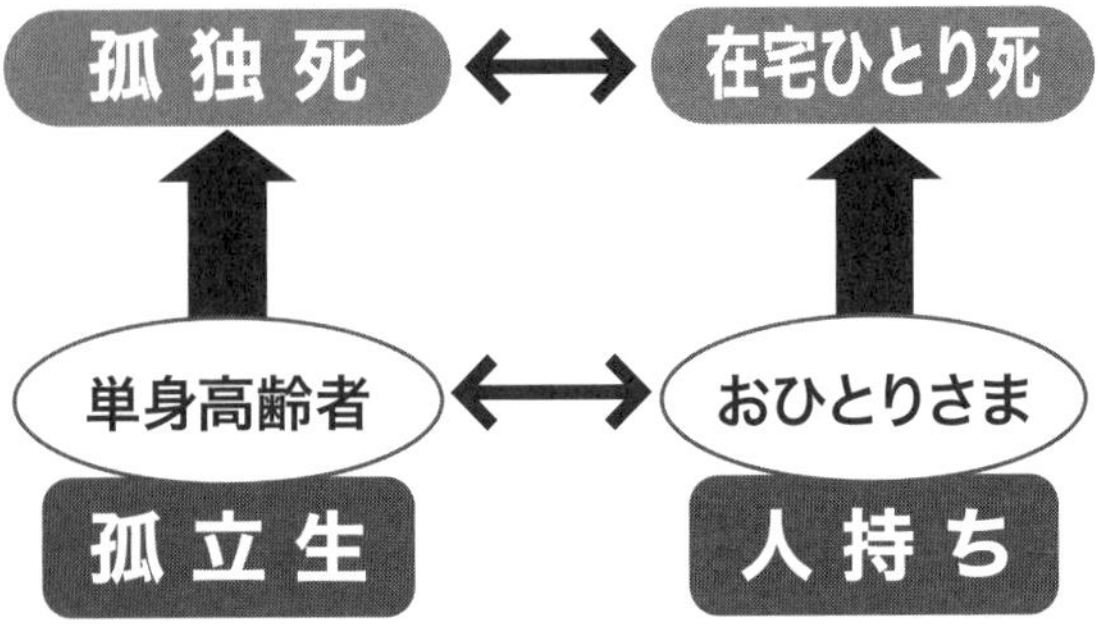

ることに貢献しています。
その上野さんは、満足のいく老後のために、次のようなポイントを挙げます。

① 慣れ親しんだ家から離れない
② 金持ちより人持ち
③ 他人に遠慮しないですむ自律した暮らし

——が必要だといいます。

とりわけ、この「人持ち」という部分が重要なのだと思います。たとえ独り身でも、地域の人や友人との交流があれば、孤立してしまうことはないでしょう。

上野さんにいわせると、孤独死よりも生きている間の孤立が問題なのであって、「〝孤立生〟防止キャンペーン」にこそ力を入れるべきなのです。

そうすれば、むしろ慣れ親しんだ家で一人で死ねるというのは幸せでさえあるといいます。そこで上野さんは孤独死という表現をやめ、「在宅ひとり死」という造語を広めようとしています。もちろん外部のサポートは必要でしょうが、そのために介護保険があるわけです。

認知症になったら、なかなか在宅ひとり死というわけにはいかないとの反論もあるかもしれませんが、それについても上野さんは、むしろ安心して認知症になれる社会こそをつくらなければならないと語気を強めます。

したがって、相談者もただ憂えるのではなく、介護保険制度を後退させない社会、また認知症になっても安心して生きられる社会づくりに向けて活動を始めてみてはいかがでしょうか。それがまた仲間をつくることにもつながるように思います。

お勧めの本

●上野千鶴子著『在宅ひとり死のススメ』（文春新書）

➡在宅ひとり死について書かれた最新の本

05

【仕事・職場】大きく変わりつつある働き方、あなたはどうする？

この章の回答者

ガブリエルに「チャットGPTとの付き合い方」を学ぶ

Q

話題のチャットGPTに、あるテーマの企画書を作成するよう「指示」してみたら、ほんのわずかな時間でかなり完成度の高いものが表示されました。部下がAIで作成した企画書を出してきたとしても、私には見分けることができなさそうです。自分がこれまで積み上げてきた経験が無意味だったような無力感も感じました。この先人間は何をどのように物を考え、働いていけばいいのでしょうか？　（会社員　60代女性）

マルクス・ガブリエル
（1980年〜）　ドイツの哲学者。新実在論を提唱し注目を浴びている。社会問題についても各種メディアで積極的に発言している。著書に『なぜ世界は存在しないのか』などがある。

A

AIが提示するのは思考モデル。温もりある人間性を反映する思考を磨くチャンスとしよう

AIは「書類フォルダ」と変わらない

チャットGPTを始めとした生成AIが急速に広がり、私たちを驚かせると同時に脅かしてもいますよね。何しろ人間が書くのと同じようなクオリティの文章を、人間の何倍ものスピードで生成することができるのですから。

はたして人間はこれから何をしていけばいいのか？　今回は現代ドイツの哲学者マルクス・ガブリエルの見解を参照しながら考えてみたいと思います。

ガブリエルはそもそも自然主義に否定的な見解を示しています。ここでいう自然主義とは、簡単にいうと自然科学の対象にならないものはないという考え方です。したがっ

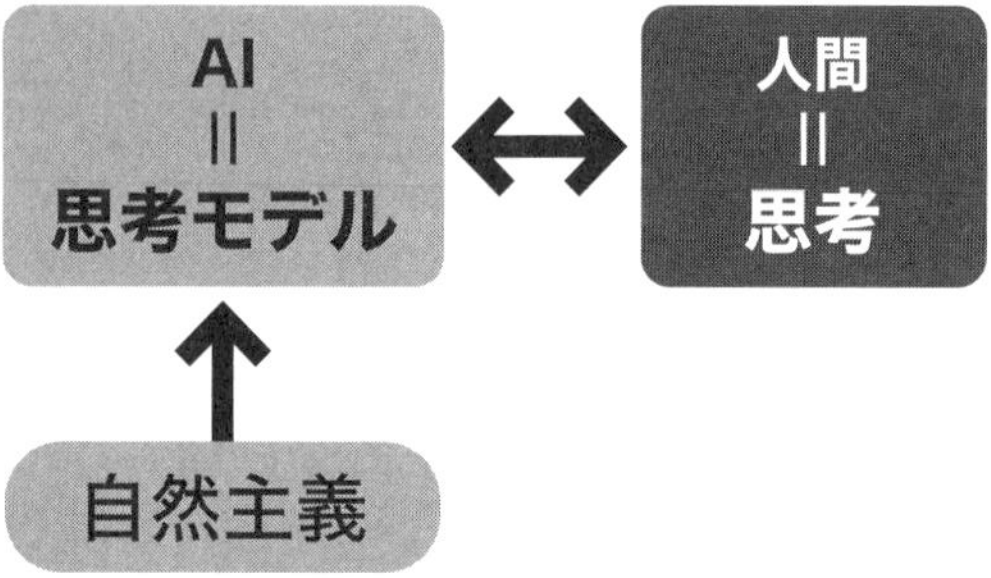

て当然、知能も科学によって生み出せると考えるわけです。しかし、ガブリエルにいわせると、科学が生み出せるのはあくまで思考のモデルであって、思考そのものではありません。両者はまったく異なるものだといいます。

にもかかわらず、あたかもモデルを、人間が逡巡を重ねた本物の思考と同一視してしまうから、思考モデルに過ぎないＡＩを人間と同一視するという誤解が起こるというのです。たとえば、ＡＩがやっているのはあくまで既存のパターンの体系化であって、それはパターンの認識ではないと喝破します。

たしかにＡＩにできることは、インターネット上に散らばるデータを拾い集めてきて、それを整理することだけです。だからガブリエルは、ＡＩのことを紙のフォルダとそう変わらないとまでいうのです。個々の人間が意志や欲望や感情といった人間性を生かし、これから生み出す可能性のあるものはそこには含まれ得ないのです。

これこそチャットＧＰＴが生み出すものと、人間が生み出すものの大きな違いであるといえます。そう、人間の思考には人間性が反映されてくるのです。逆にいうと、思考に人間性を反映できないなら、ただ単にＡＩより劣った存在になってしまうことでしょう。

相談者も、この先ＡＩに脅かされることなく仕事をし、生きていくためには、人間性を反映した思考を心がければいいと思います。それは単なるパターンの体系化を超えた深い思考であり、かつ人間性を感じられる温もりのある思考にほかなりません。

お勧めの本

●マルクス・ガブリエル著、大野和基訳『世界史の針が巻き戻るとき』（ＰＨＰ新書）

➡ガブリエルのＡＩに関する考えがわかりやすく論じられている

マルクスに「新しい働き方」を学ぶ

Q

コロナ禍を経てテレワークが導入されたり、副業が推進されるようになって、今までより労働時間が長くなっています。働き方改革が声高に叫ばれる昨今、収入は少し増えたものの、ちょっと疲れ気味です。

（証券会社勤務　40代男性）

カール・マルクス
（1818～1883年）　ドイツの哲学者、経済学者、革命家。盟友エンゲルスと共に、マルクス主義と呼ばれる科学的社会主義を提唱。著書に『資本論』などがある。

A

コロナ禍で再評価されるマルクスの『資本論』。労働と人間らしさの関係に目を向けよう

環境負荷や人間らしさの喪失を考えた創造的労働

個人も組織も、収入増になるのはうれしいものではあります。働けるとなると、いくらでもその機会を利用しようとします。でも、私たち人間の心や体は有限ですし、一日の時間も有限です。それをギリギリまで使い切ると、心身が疲弊してしまうのは当然でしょう。

そこで参考になるのが、19世紀ドイツの哲学者、カール・マルクスの思想です。社会主義の生みの親で、あの『資本論』の著者として知られる人物です。社会主義なんて、ソ連の崩壊でとっくに過去の思想になったかと思いきや、実は今再び注目を浴びていま

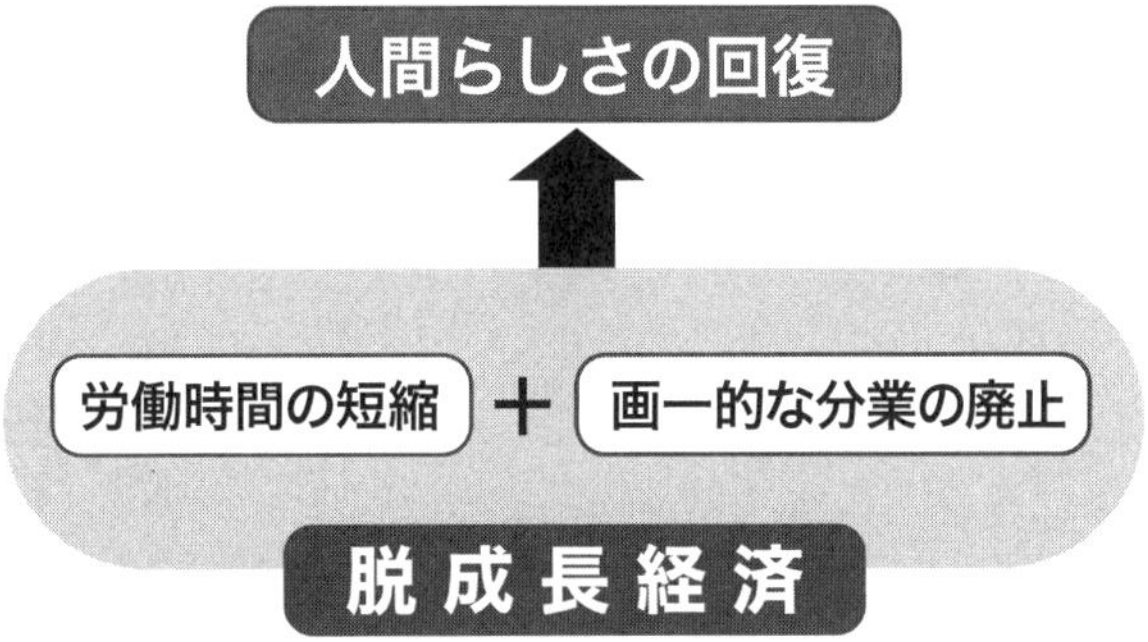

す。

斎藤幸平著『人新世の「資本論」』で明らかにされているように、晩期のマルクスは環境にも配慮し、持続可能な脱成長経済を目指していたというのです。それが環境問題とコロナのダブルパンチを受ける今の状況にピッタリだというわけです。

そんなマルクスは、もともと労働時間の短縮を訴えていました。長時間労働によって無駄なものを生み出し続けるのはよくないと考えていたのです。環境にも負荷を与える一方ですから。

とはいえ、人間はお金をもらえるなら無理してでも働いてしまうので、労働時間そのものを短縮する必要があるということです。さらに重要なのは、単に時間を短くすれば、それでいいというわけではない点です。

その短い時間ですら、もっと創造的なものにしなければならないと考えていたのです。画一的な分業化の中で、あたかも機械の歯車のように働くだけでは、人間らしさを失ってしまうからです。

確かに改めて見直してみると、マルクスから学べることはたくさんあるような気がします。単に社会主義だからと一蹴するのではなく、ぜひ現代の資本主義が引き起こしている問題を総点検するつもりで、マルクスを参照してみてください。

相談者もお金だけではなく、労働と環境負荷、あるいは労働と人間らしさの喪失という点に目を向けてみるのはいかがでしょうか。働き方が少し変わってくるかもしれませんよ。

お勧めの本

●斎藤幸平著『人新世の「資本論」』（集英社新書）

➡マルクスの知られざる側面を紹介した話題の書

アドルノに「労働の意義」を学ぶ

Q

長年会社勤めをしてきましたが、働き方改革やコロナ禍のテレワークのせいか、これまでの自分の仕事優先の生き方に疑問を感じ始めました。自分は会社の歯車にすぎなかったのではないかと。おかしいでしょうか。

（会社員　50代男性）

テオドール・アドルノ
（1903〜1969年）　ドイツの哲学者。フランクフルト学派を代表する人物。音楽家としても知られる。著書に『否定弁証法』などがある。

A

個性を構築し、誰とでも交換可能な存在と見なす「同一化」の暴力に対抗しましょう

他者と交換されない唯一無二の存在

たしかに昨今の社会状況は、私たちに働くことの意義や、会社勤めをすることの意義について再考を促すきっかけになっていますよね。

どちらかというと日本は個人よりも組織を重んじる風潮があります。ですから、育児や介護は個人的なこととして、会社に遠慮して行わなければならない傾向が強いのです。それだけではありません。通常の業務においても、自分がやりたいことよりは、組織が求めることを優先しなければなりません。

でも、本当にそれは正しいのかどうか。その点について考えるヒントを与えてくれる

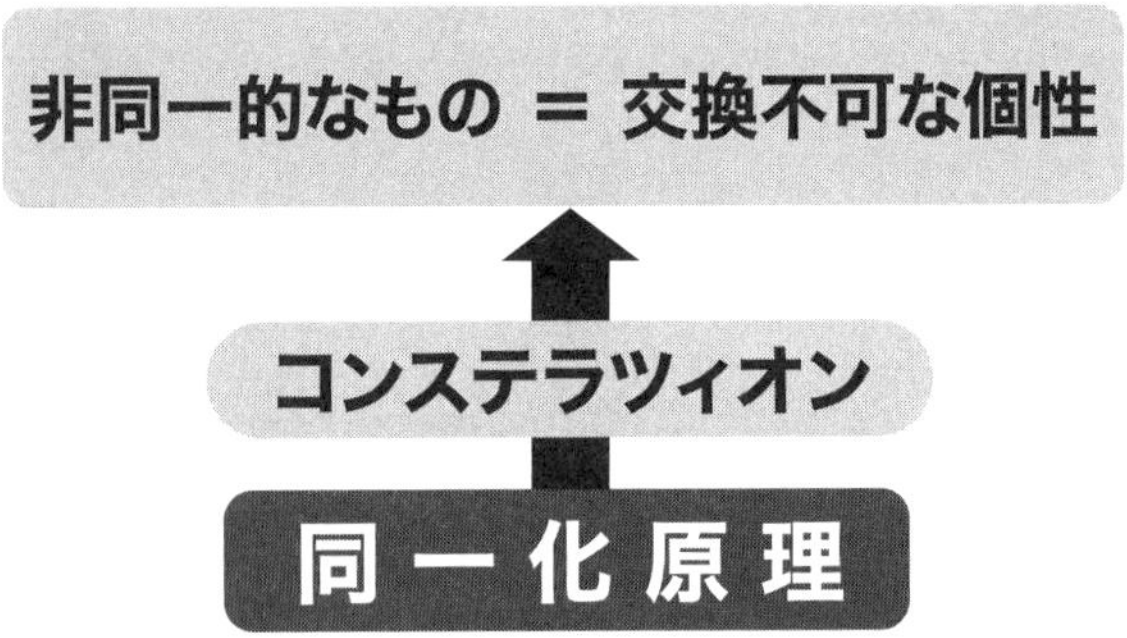

のが、ドイツの哲学者テオドール・アドルノの「否定弁証法」です。

そもそもアドルノは、人間がつい異質なものを一つにまとめてしまう傾向、あるいは特殊なものを普遍的な性質に吸収してしまう傾向を「同一化原理」として批判しています。むしろ非同一的なものを求めるべきだというのです。

そしてそれは、人間が社会において労働するということについても当てはまるといいます。つまり、労働力商品としての主体である人間が、誰とでも交換可能な個性のない存在として扱われることは、同一化を強制する暴力として避けなければならないというのです。

では、具体的にどうすれば同一化の暴力を避けることができるのか？

アドルノはここでコンステラツィオンという概念を持ちだします。これは星座を意味する言葉です。星座のように全体としてまとまりを持ちつつも、決して個々の要素が全体に包摂されてしまわない状態を保てばいいということです。

会社に例えると、組織に属しながらも、決して個性を失うことなく、単なる手段として他者と交換されてしまうことのない存在になることだと思います。会社はどうしても社員を交換可能なものとみなす傾向があります。その意味では相談者の見方は間違っていません。

そうした同一化原理の圧力に抗するためには、自分で防衛していくよりほかありません。ぜひ簡単に交換できない個性を磨くようにしてみてはどうでしょうか。

お勧めの本

●細見和之著『フランクフルト学派』(中公新書)

➡アドルノをはじめとしたフランクフルト学派の思想がよくわかる

孟子に「全体最適」を学ぶ

Q

中間管理職になったのですが、どういう心構えで臨めばいいのか、哲学的な面でアドバイスはありますか。部下の扱いやパワハラ防止策など技術的なことばかりで心許《こころもと》ないのです。

（営業職　30代男性）

孟子
（紀元前372？〜同289年？）
中国戦国時代の儒学者。儒教では孔子に次いで重要な人物。性善説を主張し、仁義による王道政治を理想とした。

A

全体最適を念頭に朝令暮改もよしとし、大事なことを仕損じないようにしましょう

テクニックとしての「いい加減さ」で全体の利益を考える

昇進、おめでとうございます。今の時代、上から下からさまざまな注文が舞い込み、中間管理職は大変なポジションだといわれます。が、逆に一番重要な役割でもあります。大事なことは、〝全体最適のため〟に働くことだと思います。

上司が気に入るようにではなく、また部下に媚びるのでもなく、あくまでその両方、つまり自分の属する部門、ひいては会社全体がよくなるように常に考えて行動することです。そうしていれば、間違いはないはずです。

参考にしていただきたいのは中国の思想家、孟子の言葉です。

孟子は戦国時代に諸国の王のアドバイザーとして人心掌握術などを説いてきたスペシャリストです。その孟子がある王にこんなふうに助言します。「大人なる者は、言必ずしも信ならず、行い必ずしも果たさず。惟《ただ》義の存る所のままにす」と。

大人とは「だいじん」と読み、人の上に立つ人のことをいいます。したがって、人の上に立つ人は、自分がいったことや、やりかけたことは必ずしも実行しなくていいから、その場で求められる道義に従うようにしなさいという意味になります。

ここで孟子が言わんとするのは、長たるもの自分の言動にこだわって、全体にとって大事なことを仕損じてはいけないということです。もっと言えば、個人の信念より全体のことを常に考えよということです。

そのためには、ある程度いい加減で適当でないといけないのかもしれません。あんまりきっちりし過ぎると、自分の信念を曲げられなかったり、柔軟に朝令暮改できないからです。現に孟子も「大人とは、その赤子の心を失わざる者なり」ともいっています。つまり、子供のような天真爛漫さも必要ということです。

ぜひ孟子が説くように、常に全体のことを考え、自分が一度言ったことなどに過度にこだわらない柔らかい姿勢を心がけてみてはいかがでしょうか。

ちなみに、孟子自身は歯に衣着せぬ物言いで、決して信念を曲げる人ではなかったようです。学者は、王とは違うということでしょうか。

お勧めの本

●貝塚茂樹著『孟子』（講談社学術文庫）
➡孟子の言葉の紹介と解説が詳しい

鷲田清一に「待つ」を学ぶ

Q

定年までに管理職になれるかどうか不安です。今の会社で定年まで順番を待つしかないことが不安でなりません。運もあるとは思いますが、ただ待つしかないのでしょうか。

（素材メーカー　50代男性）

鷲田清一
（1949年〜）　日本の哲学者。専門は臨床哲学、倫理学。身体やコミュニケーションのあり方について独創的な哲学を提起している。著書に『モードの迷宮』など。

A

期待が成立しない段階で始まるのが「待つ」という行為です

潰《つい》えた希望の先にある最後のもの

最近は会社でのポストが少なくなっており、望んでいる役職につけるかどうかという不安も大きいでしょう。運に委ねるしかないところもあるので、順番を待つしかありません。しかも「年功序列制」がすでに崩壊しつつある中、頑張っていてもポストの削減で出世できないとか、中途入社の人にポジションを奪われるという話もよく耳にします。

だからといってやる気をなくしてしまっては、チャンスも訪れません。転職する選択肢もあるでしょうが、年齢によっては一部の人にしかできない選択肢かもしれません。だから待つしかないのですが、それはそれで辛いことですよね。

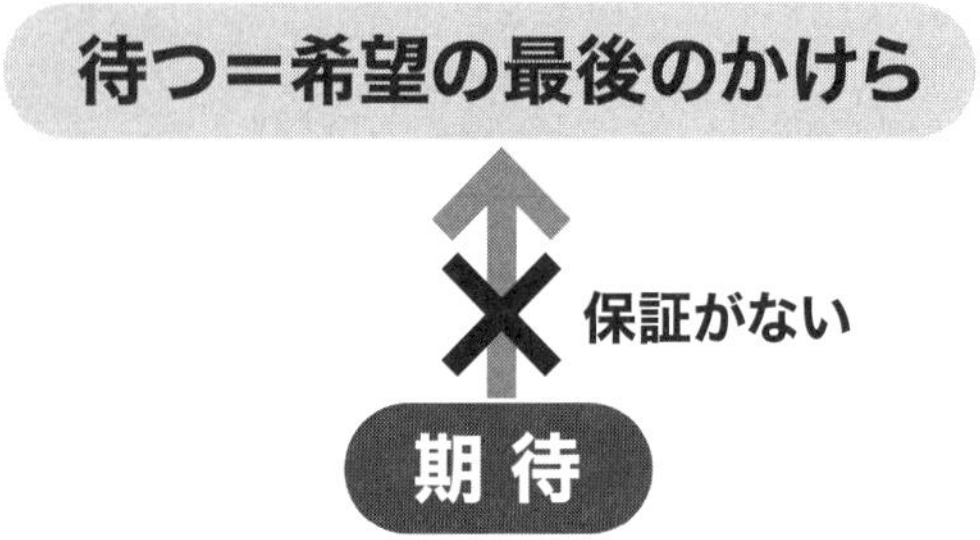

そこで参考にしたいのが、哲学者の鷲田清一が説く「待つ」ことの意義です。鷲田は、本当の意味で待つとはどういうことなのか問います。そしてそれは、待つことの終わりが到来する保証がないところ、つまり期待ということが成り立たないところでこそ始まるというのです。人や出来事が必ず訪れるとわかっているうちは、まだ待っているとはいえないということです。そこには期待がありますから。

待つという行為がつらく感じるのは、いつ終わりが来るかわからない時です。だとすると、鷲田のいうように、待つことに対する保証がなくなることこそが、待つという事態を可能にするわけです。

物事は自分の意のままになるものではありません。そんな偶然性や自分の力を超えたものを前にして、それでも抱き続けることができる最後のものが待つということなのでしょう。その意味で鷲田は、待つということは私たちの意識の営みではないといいます。むしろ私たちを規定する場のようなものだと考えています。

とはいえ、人間にとってそれが最後の望みであることは間違いありません。だから鷲田も、待つことは「希望を棄てたあとの希望の最後のかけら」だと表現しているのです。たしかにこれは救いであるように思います。希望さえ潰えた後、それでも私たちには待つことが残されているのですから。

相談者も、期待さえなくなることが待つことではあるけれども、しかし待つことだけは残されているととらえてみてはいかがでしょうか。経済のパイが縮小し、待つことを余儀なくされるこの時代、少しでも前向きに生きていくためには、そんな視点の転換が必要であるように思えてなりません。

お勧めの本

●鷲田清一著『「待つ」ということ』（角川選書）

➡待つということの意味がよくわかる

孫武に「戦い方」を学ぶ

Q

私は競争心が強いのですが、そのせいで人間関係が悪くなったり、自分自身が疲弊してしまったりすることが多々あります。もっと楽に出世する方法はないものでしょうか？

（建設業勤務　40代男性）

孫武
（紀元前535年？〜没年不詳）
中国の春秋時代の武将、軍事思想家。兵家の代表的人物。「孫子」は尊称。著書に『孫子』がある。

A

競争相手を把握し、最小限の動きで効率的に勝つ方法を編み出しましょう

戦わずして勝つ孫子の兵法に学ぶ

誰しも競争に勝ちたいとか、出世したいという思いはあるものです。でも、人と戦うと時には人間関係が悪化したり、相談者が言っているように自分自身が消耗し、疲弊することがあります。では、いったいどうすればいいのか？

そこで参考になるのが、中国の思想家孫武の兵法です。彼の思想は『孫子』という本にまとめられています。孫子は尊称です。〝西洋のマキャベリ、東洋の孫武〟と称されるほど、彼の著書は世界の軍事的リーダーに愛読されてきました。例えば中国を統一した、かの毛沢東もその一人だと言われています。

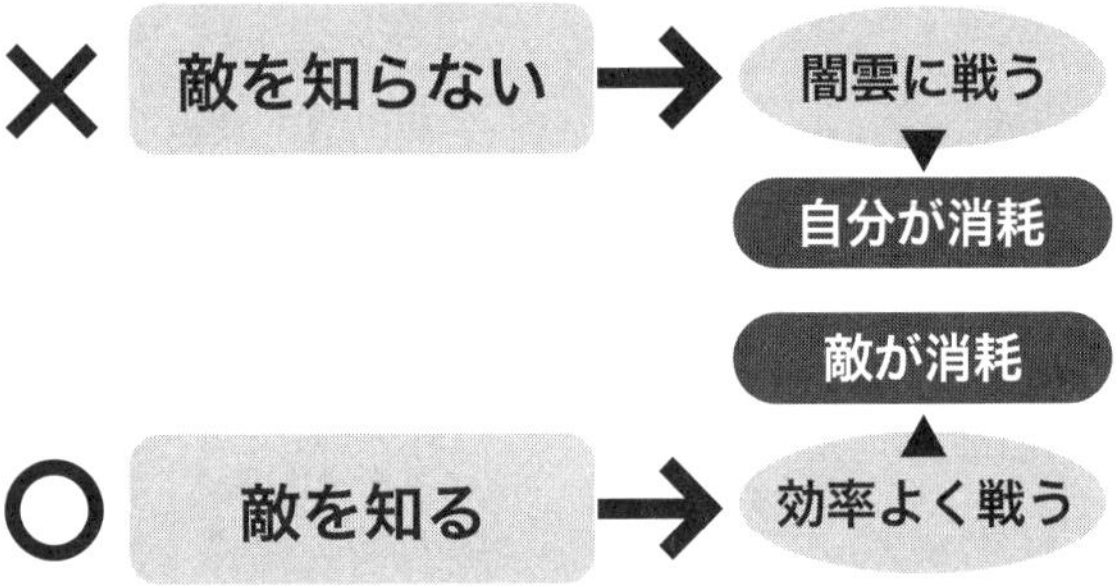

また、軍事研究のテキストとしてだけでなく、『孫子』は『論語』と並んで現代ビジネスパーソンにも必須の書となっており、生き方やビジネス戦略のための自己啓発書として読まれています。

それは孫子の兵法が、単に戦うことを勧め、勝つための戦術を説いているだけでなく、むしろ戦わずして勝つための思想に満ちているからです。

それを象徴するのが、「彼を知り己を知れば、百戦殆《あや》うからず」という有名なフレーズです。敵のことをよく知っておけば、無理をせずとも勝つことができるということです。相手のことをよく知らないと、やみくもに戦うしかありません。でも、それでは自分も消耗してしまうのがおちです。

戦いというのは、ある意味でだまし合いです。孫子は、戦いの際には、敵を欺くことを基本とし、利益に基づいて行動し、分散と集合によって変幻自在に動くのがよいともいっています。これはまさに、自分の動きは最小限にして効率的に戦うことで、相手を疲れさせて勝利をものにする発想だといえます。

したがって相談者も、まずは競争相手の思考の傾向、動き、目標とするものなど敵の全貌を入念に分析し、どうすれば最小限の対処法で労せずして勝てるか考えてみるのが得策だといえるでしょう。

出題範囲外の勉強は無駄なので、受験勉強では傾向と対策が不可欠ですが、出世競争でも、やはり傾向と対策が勝利のカギを握るのです。

お勧めの本

●金谷治訳注『孫子』（岩波文庫）

➡最も定評のある訳と解説が売り

渋沢栄一に「企業の社会貢献」を学ぶ

Q

昨今、企業の社会貢献のあり方などを踏まえて評価するESG（環境・社会・企業統治）投資という言葉が聞かれるように、単にお金をもうけるだけの経営は否定されつつあります。とはいえ、企業はボランティア集団ではないので、そのバランスをどうとるべきか悩んでいます。

（経営者　60代男性）

渋沢栄一
（1840〜1931年）。日本の武士、官僚、実業家、慈善家。金融業を中心に500以上の会社の創設にかかわった日本資本主義の父と称される。著書に『論語と算盤』などがある。

A

弱者を思い、仁徳を重視する経済行為
「道徳経済合一説」で貢献度を模索しましょう

論語的思考で、利潤追求に歯止めをかける時を知る

たしかに企業経営というのは、もうけてなんぼですから、環境保護だとか社会貢献だとかいわれると、そもそもなぜ商売をやっているのかという存在意義が問われてくるように思われます。それならボランティアとかＮＰＯ（非営利組織）、あるいは政府がやるべきなのではないかと。

しかし、企業が社会を担うアクター（行為者）であることは間違いありません。したがって、いくら主目的が利潤の追求であったとしても、ある程度は社会貢献的な要素を意識して活動すべきなのです。問題はそれがどの程度なのかという話です。

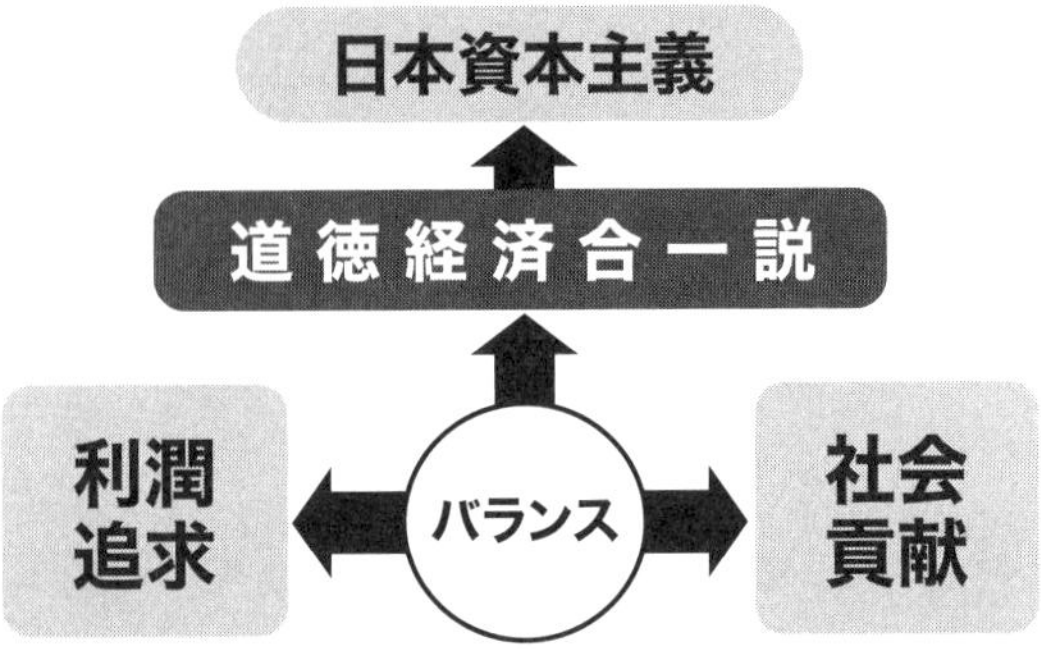

そこで参考になるのが、「日本資本主義の父」とも称される渋沢栄一の思想です。彼は２０２４年度から福沢諭吉に代わって新たな1万円札の顔になることから、今注目が集まっています。21年のＮＨＫ大河ドラマでも扱われました。

一般には明治以来、近代日本の経済をけん引してきた人物で、思想的には『論語』を重視したということくらいは知られていますが、その本質について深く語られることは、これまであまりなかったのではないでしょうか。

渋沢は農民出身で、その後武士になり、さらに官僚として政府で働き、最後は経済界で大活躍するという波瀾《はらん》万丈の人生を送っています。特筆すべきは、人生において常にこだわりを捨てて、実を取ってきた点です。

そういう実用主義的な思想をプラグマティズムといいますが、渋沢のそれは必ずしも西洋的な思想に基づいたものではなかったように思います。むしろ彼が『論語』を重視したように、仁徳という道徳による経済行為とのバランスが根底にあったのではないでしょうか。いわゆる「道徳経済合一説」と呼ばれるものです。

そのバランスはもちろん、個々の状況で変わってきます。ただ、組合活動に理解を示し、福祉や教育事業にも力を入れた渋沢がそうであったように、相談者も常に弱者の立場を意識しつつ、仁徳の視点からどこで利潤追求に歯止めをかけるべきかを常に考え、経営に励んでほしいものです。

お勧めの本

●橘木俊詔著『渋沢栄一』（平凡社新書）

➡渋沢の人生と思想がよくわかる

06

【社会・情報】
問題が錯綜し複雑化する グローバル社会をどう生きるか

この章の回答者

ディドロ
タン
コリンズ
ジジェク
ロード
ウォルドロン
ポパー
サイード

ディドロに「情報の整理術」を学ぶ

Q

たくさんの情報を整理するのが苦手です。特に最近は新しいことが次々と出てくるので、本を一冊読めば済むという状況ではなくなって困っています。どうすればいいでしょうか？

（交通機関勤務　50代男性）

ドニ・ディドロ
（1713～1784年）。フランスの哲学者、作家。『百科全書』の編集によって、百科全書派の理論的指導者と称される。著書に『哲学断想』などがある。

A

情報＝真理を相互に結び証明していく「哲学的精神」で知の体系を作りましょう

情報の関連性を考察し知の塊を作る

いまや高度情報化社会を超えて、超情報化社会などの言葉が使われることもありますよね。テクノロジーの進化のおかげで、もはや情報は無限に収集可能な時代になったといっても過言ではありません。

ただ、そうした情報をどう整理するかについては、いまだに人間の頭に委ねられているのです。なぜなら、知の体系をどう作るかは、私たちの考え方次第だからです。そこで参考にしたいのが、18世紀に知の体系ともいうべき『百科全書』を編集したフランスの哲学者ドニ・ディドロです。

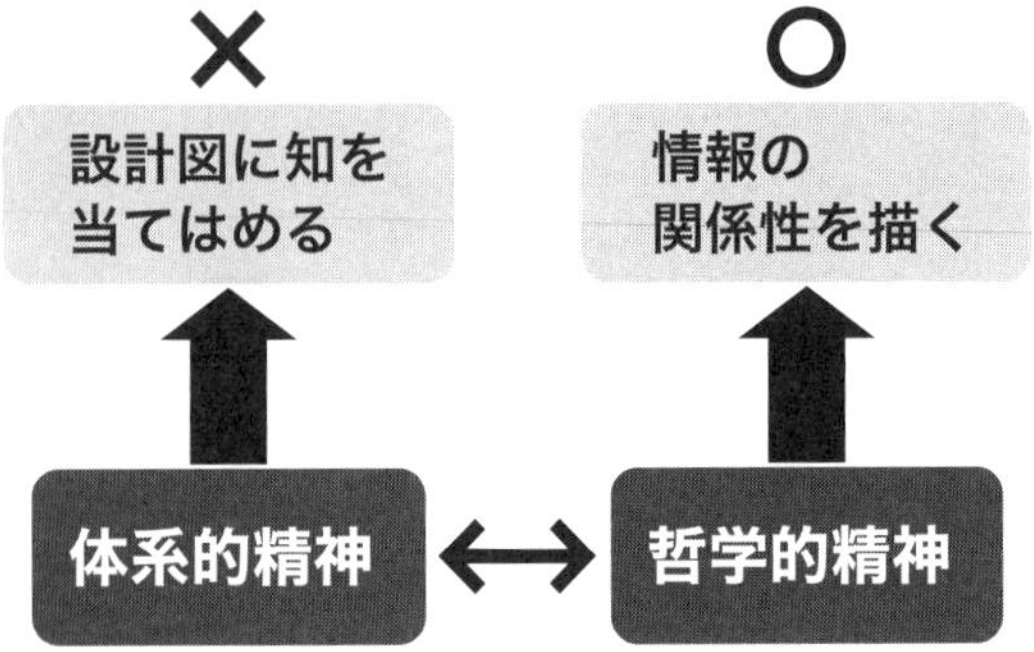

彼は、当時の最新の知を一つにまとめ、この事典を近代啓蒙思想の集大成ともいっていい大作に仕上げました。『百科全書』はもちろん知を集めたものですが、単に何もかもを一つにしたというわけではありません。また、各分野の項目を機械的に並べたものでもないのです。だからこそ思想書足りうるわけですが、その秘訣はディドロの哲学にあったといっていいでしょう。

彼が自らこの本の「哲学」の項目を執筆した際強調したのは、体系的精神よりも「哲学的精神」が重要だという点です。体系的精神というのは、予め設計図を作ってそこに知を当てはめていくような思考法です。しかしこれではその外側にあるものが目に入ってこないのです。

だからむしろ真理を相互に結び付けて、証明を形成していかなければならないと考えたのです。これが哲学的精神にほかなりません。いわば、それぞれの情報の関係性を描き出していく中で、結果として全体像が浮かび上がってくるという思考法です。

ディドロは、そうして初めてすべてを包含する百科全書的知識が得られると考えていました。いわば情報の整理とは、その意味での哲学的な思考をすることなのです。したがって相談者も、たくさんの情報すべてを予めまとめようとするのではなく、手に取った一冊を手がかりとしてそれぞれの情報の関係性を考察し、それらをつなぎ合わせて徐々に塊を作っていくようにしてみてはいかがでしょうか。そのうち体系的なものが見えてくるに違いありません。

お勧めの本

●桑原武夫訳編『ディドロ、ダランベール編　百科全書』（岩波文庫）

➡ディドロの哲学と百科全書の関係がよくわかる

タンに「社会貢献」を学ぶ

Q

経済や教育の格差、医療や福祉のあり方など社会課題の解決が今、求められています。私も何か貢献したいと思うのですが、一人の力には限界があります。いったいどうすればいいでしょうか？

（製薬会社の研究職　50代男性）

オードリー・タン
（1981年〜）　台湾の政治家、思想家、プログラマー。2016年に35歳で入閣して以来、無任所閣僚の政務委員（デジタル担当）を務めている。著書に『オードリー・タン デジタルとAIの未来を語る』などがある。

A

参加型アカウンタビリティーの文化を構築し、互いが責任を果たし合いましょう

自発性・相互理解・共好はデジタル社会が求める3要素

たしかに社会課題の解決が求められる時代だといわれます。従来、企業の課題なら、当該企業が担ってきましたし、政治課題であれば、政治家が担ってきました。しかし、社会課題の場合、誰がどのように担えばいいのか不明確です。

そこで参考になるのが、台湾で次々と社会課題を解決しているデジタル担当政務委員（閣僚）のオードリー・タンの思想です。米誌『フォーリン・ポリシー』によってグローバルな思想家100人にも選出された人物です。

タンを一躍有名にしたのは、コロナ禍におけるマスクの在庫管理アプリの開発でしょ

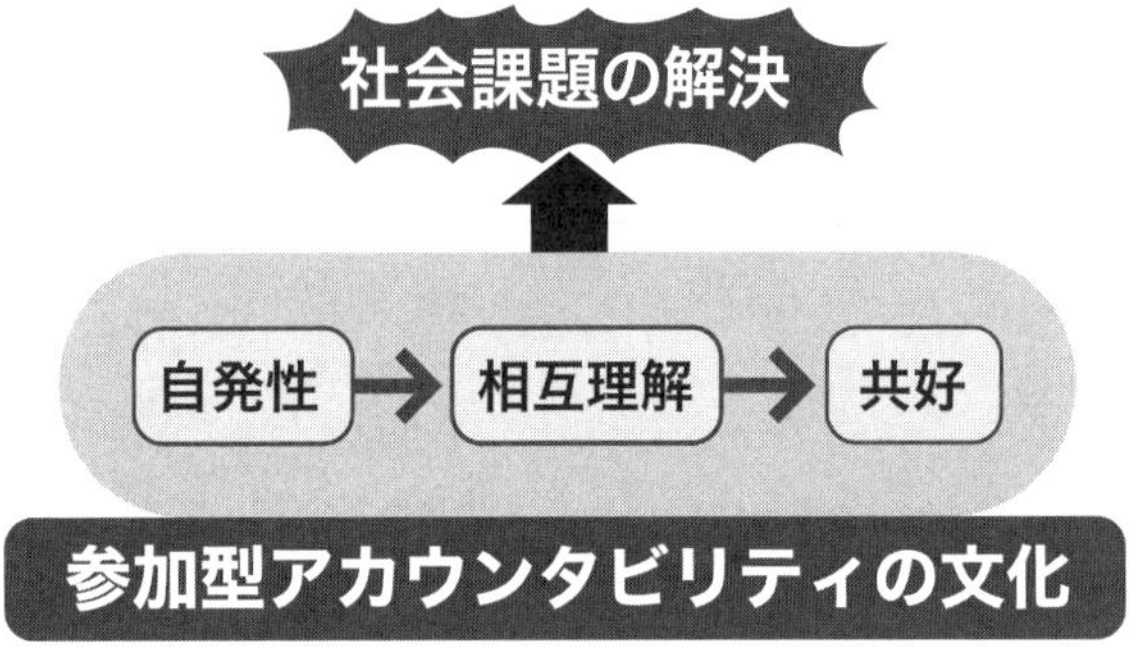

う。でも、それは業績のほんの一つ。タンは数多くの社会課題をＩＴによって解決し続けているのです。

その発想の根底には、「参加型アカウンタビリティー（説明責任）の文化」を推進するという理念があります。つまり、情報を徹底的にオープンにすることで、市民の一人ひとりが主体性をもって、政府とコラボレーション（協同活動）をする文化のことです。こうして誰もが責任を果たし合う政治を実現するというわけです。

そのための素養として挙げられるのが、「自発性」「相互理解」「共好」というデジタル社会に求められる三つの要素だといいます。何が問題なのか能動的に考えるための自発性、そして異なる価値観を理解し合うための相互理解、最後にその中から共通の価値を探し出し共同で作業するための中国語でいう共好です。

誰もが社会に対して責任を持ち、共同で作業していけるなら、いかなる社会課題も解決できるように思えてきます。タンもまたそれを実践すべく、可能な限りインターネット上で情報をオープンにし、個人や組織が持つ権利を放棄することで社会課題の解決に取り組んでいます。情報を共有財産にする際、個人や組織の持つ権利がネックになることが多いですから。

相談者もまずは自分の持つ情報を積極的に公開し、共に行動できる人をインターネット上で探してみてはいかがでしょうか。タンの掲げる三つの要素、自発性、相互理解、共好は、そのまま社会課題解決のための枠組みを作るプロセスともいえるように思います。

お勧めの本

●アイリス・チュウ他『Au オードリー・タン 天才IT相7つの顔』（文藝春秋）

➡オードリー・タンを客観的に分析した本

コリンズに「インターセクショナリティ」を学ぶ

Q

日本社会では「女性である」という時点で、さまざまな差別が複雑に絡み合ってきます。解決するためには、いったいどこから手を付ければいいのでしょうか？

（団体職員　30代女性）

パトリシア・ヒル・コリンズ
（1948年〜）　アメリカの社会学者。人種、ジェンダー、階級に関する研究で知られる。著書に『Black Sexual Politics』（未邦訳）などがある。

A

「交差性」という分析ツールで、6つの視点から差別の本質を洗い出しましょう

差別相互の関係性を明らかにし、問題に向き合う

これは「インターセクショナリティ」と呼ばれている領域の問題だと思います。日本語では交差性などと訳されることもあります。つまり、複数の差別状況が重なっている状態のことです。

とはいえ、単なる足し算のイメージではありません。そう考えるだけでは単に複合差別というべき発想にとどまり、インターセクショナリティが暴き出そうとする問題に迫ることはできません。

アメリカの社会学者パトリシア・ヒル・コリンズらによると、インターセクショナリ

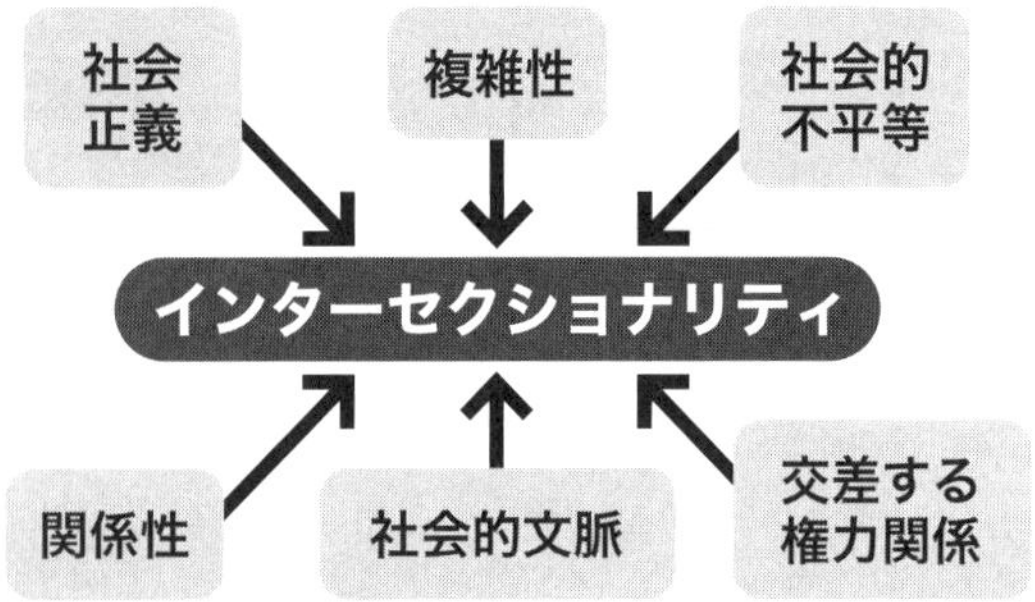

ティとは、人々が直面している問題を解決するための分析ツールだといいます。とりわけ、人種、階級、ジェンダー、セクシュアリティ、ネイション、能力、エスニシティ（民族）、年齢などのカテゴリーを相互に交差する問題を扱います。

つまり、複数の問題が交差している場合、それは単なる足し算ではなく、新たな別の問題として立ち現れてくるわけです。それゆえに、各々の問題にアプローチするだけでは解決できない状況が生じていると考えるのです。

彼女の著作にもあるように、例えば黒人女性が受ける差別は、人種差別と性差別のみに還元することはできないということです。それは黒人女性に対する交差的な差別なのです。相談者が指摘するように、日本においても同様に女性が性以外の理由で差別される場合には、それは必然的に交差的なものになってくるでしょう。

では、こうしたインターセクショナリティに該当する問題を、どのように分析していけばいいのか。コリンズらが提起するのは、「インターセクショナリティの枠組みの核となるアイディア」です。いわば分析のための視点ととらえればいいでしょう。

具体的には、社会的不平等、交差する権力関係、社会的文脈、関係性、社会正義、複雑性の6つの視点です。こうした重層的な視点をもって分析していくことで初めて、埋もれて見えなくなっている問題がようやく姿を現すということだと思います。

相談者も、一つひとつの差別に順番にアプローチするというのではなく、ぜひインターセクショナリティという発想で、権力関係や差別相互の関係性などを考慮しながら、一気に問題に向き合うようにしてみてはいかがでしょうか。

お勧めの本

●パトリシア・ヒル・コリンズ、スルマン・ビルゲ共著『インターセクショナリティ』（人文書院）
➡インターセクショナリティという用語を冠した初の翻訳書

ジジェクに「コミュニズム」を学ぶ

Q

世界的にコロナとの戦いが長期化する中、政治家などがいうように経済や社会は持ちこたえられるのか、心配です。私たちはワクチンや治療薬という「救いの船」を待つだけのロビンソン・クルーソーでい続けていますが、それでいいのでしょうか？

（元飲食店経営、失業中　50代男性）

スラヴォイ・ジジェク
（1949年～）　スロベニア出身の思想家。映画などのポピュラーカルチャーと、高度な哲学を融合させて発言。著書に『ポストモダンの共産主義』などがある。

A

個人の富や情報を社会貢献に大胆に活用する大変革の時です

国際的な連携唱える新コミュニズムの台頭

ワクチンや治療薬は開発されましたが、これからもこのような事態が繰り返されるなら、まったく異なる社会の仕組みを作ろうという声が上がってもおかしくないはずです。

グローバル競争を前提にした今の資本主義システムを維持しようとしても、共倒れになるのがオチですから。その点で「再発明されたコミュニズム（共産主義）」を訴えてきたスラヴォイ・ジジェクの考えは、今こそ傾聴に値するのかもしれません。

ジジェクはスロベニアの哲学者で、ハリウッド映画などを題材に現代思想を斬るポップな一面を持つ一方で、共産主義の刷新を訴えるユニークな思想家。だからこそ「コミ

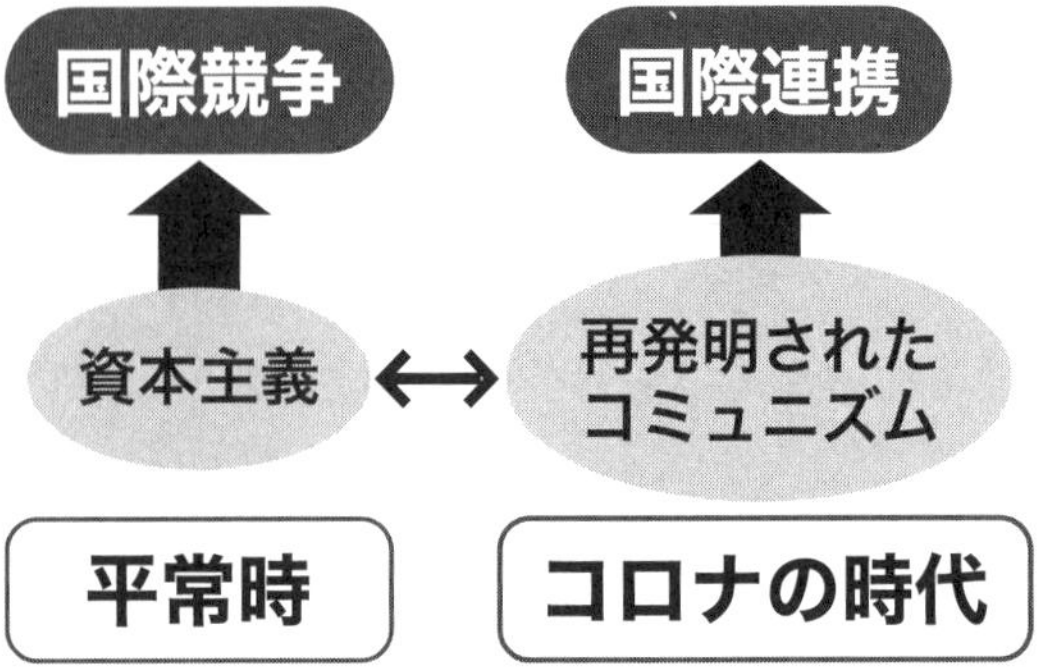

ュニズムの再発明」を唱えているのです。

今世界に求められているのは、米前大統領・トランプの「アメリカファースト」に象徴されるような身勝手なナショナリズムではなく、国際的な連携であるはずです。医療機器の不足を補う体制やワクチン開発のための情報の共有がどの国にとっても最優先課題である以上、資本主義的競争の精神はひとまず置いておくべきです。

これがまさに、ジジェクのいう広い意味でのコミュニズムなのです。格差が露呈し、最低所得保障が取り沙汰される世界の現状を踏まえると、難局を乗り切るためのコミュニズムという発想も非現実的なものではないと思います。

少なくとも私たちはこれまでの経済体制を自明の

ものとして思考停止に陥ることなく、大胆な社会変革を議論すべき状況に直面しているような気がしてなりません。

こういう大きな問題は、一見個人がどうすることもできないようにも思えますが、決してそうではありません。ただ助けを待つだけだったら、ロビンソン・クルーソーはすぐに飢え死にしていたでしょう。

でも、彼は自然の中で抗い続けました。今一人ひとりにできることは、自分の持てる富や情報をできるだけ社会のために役立てることです。ひとまず独り勝ちをもくろむ者には、「撃ち方やめ！」と声を上げることから始めてみてはいかがでしょう。

お勧めの本

●スラヴォイ・ジジェク著『パンデミック1・2』（Pヴァイン）

➡ジジェクによるパンデミックをテーマにした緊急提言

ロードに「ルッキズム」を学ぶ

Q

見た目に関してとやかくいうと「それ、ルッキズムだよ」と、冷ややかに非難されます。ただ、私はファッション業界に携わっているので、おしゃれであることを否定的にとらえる必要はないように思っているのですが。

（アパレル業界　30代男性）

デボラ・L・ロード
（1952～2021年）　アメリカの法学者。法倫理学者。女性の法的地位に関する研究で知られる。著書に『Justice and Gender』（未邦訳）などがある。

A

「美の偏見」は機会均等や尊厳などの不平等、自己表現の権利の侵害を助長します

干渉しない寛容さと干渉への抗議をセットに考える

ルッキズムの定義はまだ定まったとはいえませんが、それが何らかの形で容姿に基づく差別を意味する点は、ある程度社会的に合意できているのではないでしょうか。そうした差別は、身体的特徴はもちろんのこと、服装に関するものまで多岐にわたっています。

とりわけ注目されるのは、太っていることに対する偏見です。世界の多くの国で、太っていることはネガティブな印象を与える文化が共有されてしまっています。ファッションモデルの多くが細いという事実が理由なのでしょう。

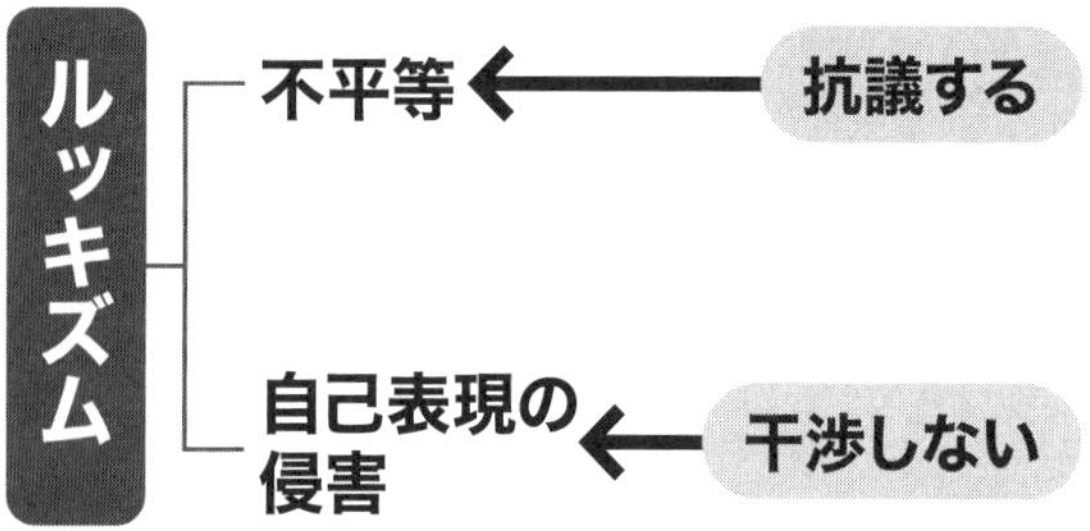

　しかし、細いのがよくて、太っているのが間違っているという価値観は、偏見以外の何ものでもありません。アメリカの法倫理学の専門家デボラ・L・ロードは、まさに「美の偏見」という原題を持つ著書の中で、この偏見に対する問題点を指摘しています。

　彼女によると、容姿差別が問題なのは、まず機会均等や個人の尊厳の原理に反するからです。また、人種や性別などに基づく他の形の不平等を助長する点も問題だといいます。さらにロードは、これら不平等だけでなく、自己表現の権利を侵害するという点も挙げています。

　彼女の挙げる例は、イスラム教徒のヘッドスカーフやユダヤ教徒の帽子など、政治的価値観や文化的アイデンティティ、宗教的信条に関係するものですが、これはあらゆるおしゃれにも当てはまるものといえます。ファッションは自己表現の手段でもありますから。

そうすると、おしゃれであることを否定するのもまた、ルッキズムの一種であるということになるのではないでしょうか。おそらくここで求められるのは、人の容姿に対して干渉しないという態度であるように思えてなりません。

ロード自身、個人ができることとして最後に書いているのですが、重要なのは他者に対する寛容だといいます。それは何もしないということではなく、不当な干渉に対し抗議する積極的な態度とセットであることはいうまでもありません。

お勧めの本

●デボラ・L・ロード著、栗原泉訳『キレイならいいのか　ビューティ・バイアス』（亜紀書房）

➡容姿差別に関する記念碑的作品

ウォルドロンに「ヘイトスピーチ」を学ぶ

Q

ネット上でのヘイトスピーチにはうんざりですが、一方で、それを批判する言葉狩りのような風潮も気になります。そんな中、どうしたら萎縮することなく正しい発言ができるでしょうか。（自営業　40代男性）

ジェレミー・ウォルドロン
（1953年〜）　ニュージーランド出身の法哲学者、政治哲学者。ヘイトスピーチの規制に関する議論で知られる。著書に『One Another's Equals』（未邦訳）など。

A

言論の自由より「シティズンシップの尊厳」を優先し、判断してみましょう

相互承認の保障が揺らげば、国家は成立しない

今、ヘイトスピーチは社会問題になっていますね。法律もできましたが、範囲が限定されているため、なかなかネット上の差別的表現全般を規制するまでには至っていません。

その背景には、表現の自由との兼ね合いで、そう簡単に規制できるものではない事情があります。表現の自由は日本国憲法でも最も尊重されるべき人権の一つです。その意味で、何がヘイトスピーチに当たるのかは慎重にならざるを得ないわけです。

これは日本に限った話ではありません。そこで参考になるのが、ニュージーランド出

身の政治哲学者ジェレミー・ウォルドロンの思想です。

彼は言論の自由よりも、尊厳の方が重視されるべきだといいます。

この尊厳とは、シティズンシップの尊厳を意味します。つまり、私たちは市民としての尊厳を持っており、それは市民の相互間で尊重されなければなりません。そうした相互承認が保障されて初めて、私たちは安心して社会の中で生活をしていくことができるのです。

ウォルドロンがそこまでシティズンシップの尊厳を重視するのは、それこそが国家の前提だからです。シティズンシップがなければ、そもそも国家は成り立たないと考えているのです。一人ひとりの市民としての権利があって初めて、国家は成立するからです。

したがって、ヘイトスピーチが市民の尊厳を毀損《きそん》し、それによって安全を脅かすようなことがあっては、国家の前提そのものが揺るがされてしまいます。だから言論の自由を抑制したとしても、ヘイトスピーチは規制されるべきだと主張するのです。

逆に言うと、ウォルドロンの掲げる市民の尊厳を毀損しないという基準さえ念頭におけば、相談者も萎縮することなく発言できるのではないでしょうか。

何事においてもそうですが、規制の本質にまでさかのぼって、「自分は今、なぜこの発言をするのか」ということを客観性をもって語ることができれば、恐れることはありません。それが哲学的思考のいいところです。

お勧めの本

●ジェレミー・ウォルドロン著、谷澤正嗣ほか訳『ヘイト・スピーチという危害』（みすず書房）

➡ウォルドロンのヘイトスピーチ規制論

ポパーに「ビジョンと実行力」を学ぶ

Q

政治も経済も、世の中を変えるには大きなビジョンを掲げ、それを実行する強い力がいると思います。今の日本にはそうしたビジョンや実行力が欠けているように思うのですが。

（自由業　50代女性）

カール・ポパー
（1902〜1994年）　オーストリア出身のイギリスの哲学者。科学哲学者として知られるが、社会問題や政治についても積極的に発言した。著書に『科学的発見の論理』などがある。

A

国家に委ねず、個々人が「開かれた社会」を意識し、責任を持って行動の端緒を見つけることです

一気に変えようとせず、小さな行動から始める

ビジョンと実行力。たしかに今の日本には欠けているかもしれませんね。政治に関しては政府もその都度ビジョンを掲げますが、なかなか国民全体に浸透しません。それは実行力に問題があるのでしょう。経済もそうですね。その都度の世の中のトレンドのようなものはあっても、それは必ずしもビジョンとまではいえないような気がします。

ではどうすればいいのか？　今回参考にしたいのは、イギリスで活躍した哲学者カール・ポパーの思想です。彼は『開かれた社会とその敵』という有名な著書の中で、プラトンやマルクスといった偉大な哲学者たちを批判しながら、世の中の変え方について論

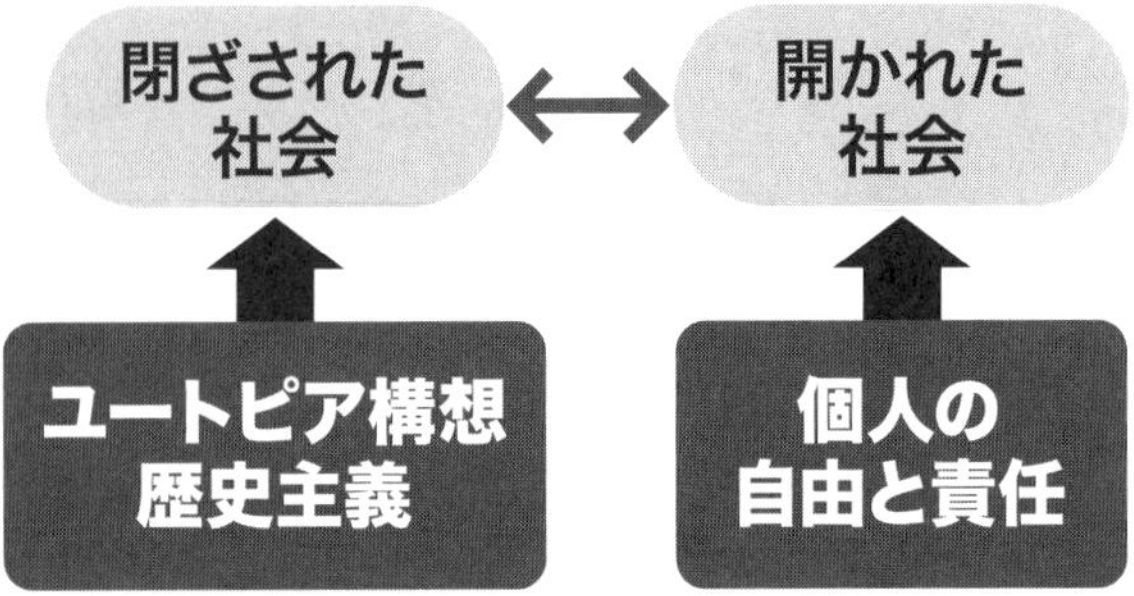

じています。
例えばプラトンの場合、賢者が無知な多数者を支配するというユートピアを構想したと分析します。しかしこの発想は、大きな善のために、個々人の自由を犠牲にする「閉ざされた社会」をもたらすというのです。
あるいはマルクスについては、その少し前の時代の偉大な哲学者ヘーゲルの歴史主義を受け継ぎ、やはり個人の力を無化してしまったと批判します。歴史主義というのは、歴史の大きな力と動きの中で、個人は無に等しくなるとする立場です。そうしてある一つの歴史の法則を発見した人間や指導者だけが世の中を変えると考えるのです。
ポパーによるプラトンやマルクスに対する批判に共通するのは、一気に世の中を大きく変えようとするあまり、個人の自由を否定してしまった点です。それがナチスの全体主義や社会主義の失敗につながったといいます。

何より問題なのは、世の中を変える仕事を国家や一部の人間に委ねてしまうと、個々人が自分の責任をも放棄してしまう事態です。ポパーが理想とする「開かれた社会」を実現するには、時間はかかるかもしれませんが、むしろ一人ひとりが責任をもって漸進的に世の中を変えていくよりほかないのです。ぜひ相談者も、自分の日常こそが世の中を変える一翼を担っているのだと認識して、例えば、勉強会を主宰するなどし、意見交換や行動のヒントを探してみてはいかがでしょうか。

お勧めの本

●関雅美著『ポパーの科学論と社会論』（勁草書房）

➡ポパー思想の全体像がわかる

サイドに「正論」を学ぶ

Q

ミャンマーのクーデターについて、知識人たちがテレビで正論を振りかざしていました。正直、知識人の役割がよくわかりません。批判だけしていても何も解決しないと思うのですが。

（旅行代理店勤務　40代女性）

エドワード・サイード
（1935～2003年）　パレスチナ系アメリカ人の思想家。文学批評家。ポストコロニアル理論を確立したことで知られる。パレスチナ問題に積極的にかかわった。著書に『オリエンタリズム』などがある。

A

それらの批判が、危機に瀕した人の声を代弁した異議申し立てか否か見極めましょう

リスクを負うことを意識した発言かどうかで判断を

いわゆる知識人と呼ばれる人たちは、さまざまな問題についてテレビや新聞でよくコメントをしていますよね。大学の先生や評論家などが多いですが、かくいう私もそういうことをしている側です。だから自戒を込めてお答えしたいと思います。自らも知識人であり、かつ知識人について厳しく論じたパレスチナ系の思想家、エドワード・サイードを参考にしながら。

サイードはアメリカに移住後もパレスチナ問題にかかわり、アメリカの政策を厳しく非難してきました。そんな彼によると、そもそも知識人とは「普遍性の意識」を持って、

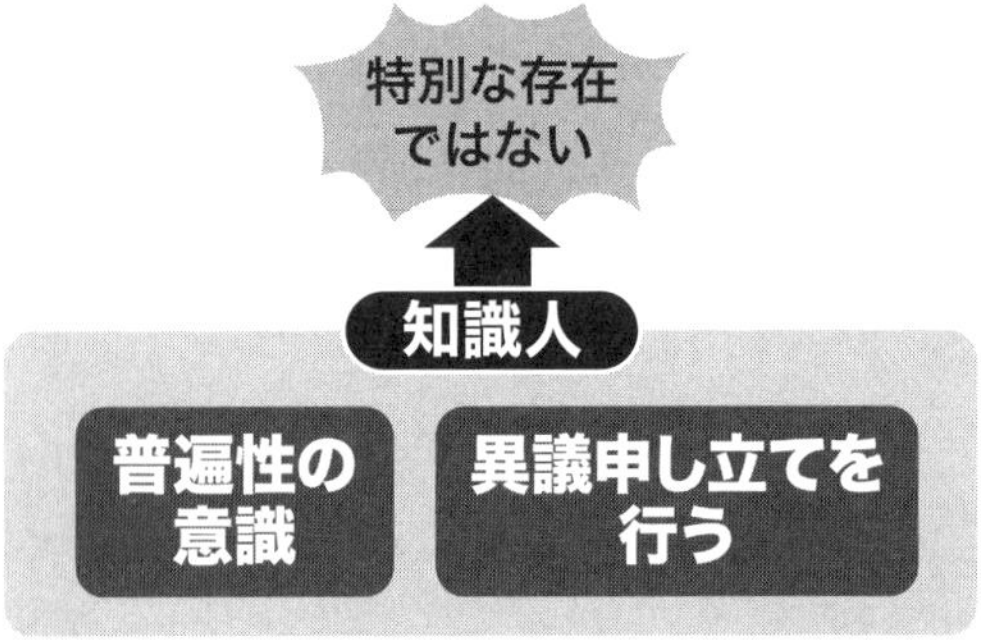

「異議申し立てを行う存在」でなければならないといいます。

普遍性の意識とは、他者の危機を普遍的なものであるととらえ、さらにそれを人類全体の問題としてとらえる態度のことです。サイードはそれを「リスクを負うこと」とも表現しています。たしかに、目を背けていれば平穏に済むかもしれないのに、わざわざ首を突っ込むこと自体が、リスクですから。

異議申し立てを行うというのは、困っている人の声を代弁して、国家や集団を批判するという態度のことです。誰かの問題を人類全体の問題としてとらえるだけでは、ただの頭でっかちにすぎませんが、それをあえて代弁することで初めて、知識人は役割を果たすことになるのです。なぜなら、知識人の知識とは人類の共有財産だと考えるからです。

それは必然的に政治的対立に巻き込まれることを意味しますが、サイードは、政治的な立場に立つ側面もあることを好まないのなら、知識人は意見を述べてはいけないとまでいいます。

いかがでしょうか？　知識人は批判をすることで、問題を普遍化してリスクを冒し、困っている人たちの代弁をしているのです。それを行うのが真の知識人の役割であり、もしそうでないなら、その人はただの頭でっかちな単なる発言者なのでしょう。

ちなみにサイードは、誰もがそんな真の知識人になるように促しています。知識人とは決して特別な存在ではないのです。特に今はＳＮＳ上で、誰もが発言できる時代ですから。

お勧めの本

●サイード著、大橋洋一訳『知識人とは何か』（平凡社）

➡サイードの知識人観がよくわかる

07

【政治】

政治はどうあるべきか?「正解」が見つからないもどかしさ

この章の回答者

ピュエットに「覇権」を学ぶ

Q

中国が勢いを増しています。政治も経済も中国は底力を見せつけています。西洋との違いを考えると、その思想の違いに戸惑うとともに、中国との仕事上の関わりもあり、向き合い方に困っています。

（商社勤務　30代男性）

マイケル・ピュエット
（1964年～）　米ハーバード大学の中国史及び人類学の教授。西洋哲学との比較で中国思想を説く講義が人気を呼んでいる。著書に『To Become a God』（未邦訳）などがある。

A

悠久の時間の中で培った独自のメンタリティーを理解し、関係性に生かしましょう

西洋というプリズムを外して対応する

中国は、独り勝ちしそうな勢いですよね。社会主義が崩壊しても、社会主義市場経済などという一見矛盾するような制度を掲げ、見事成功してきました。でも、それがいつまで続くのか、ビジネスパートナーとしては気になるところだと思います。

そんな中、中国の現状を読み解くうえで参考になるのが、アメリカの中国研究者マイケル・ピュエットです。米ハーバード大学で教鞭《きょうべん》を執る彼の授業は、学生からも大人気だと聞きます。そこには恐らく、中国を深く知りたいと思っている世界のエリートたちの関心が反映されているのでしょう。

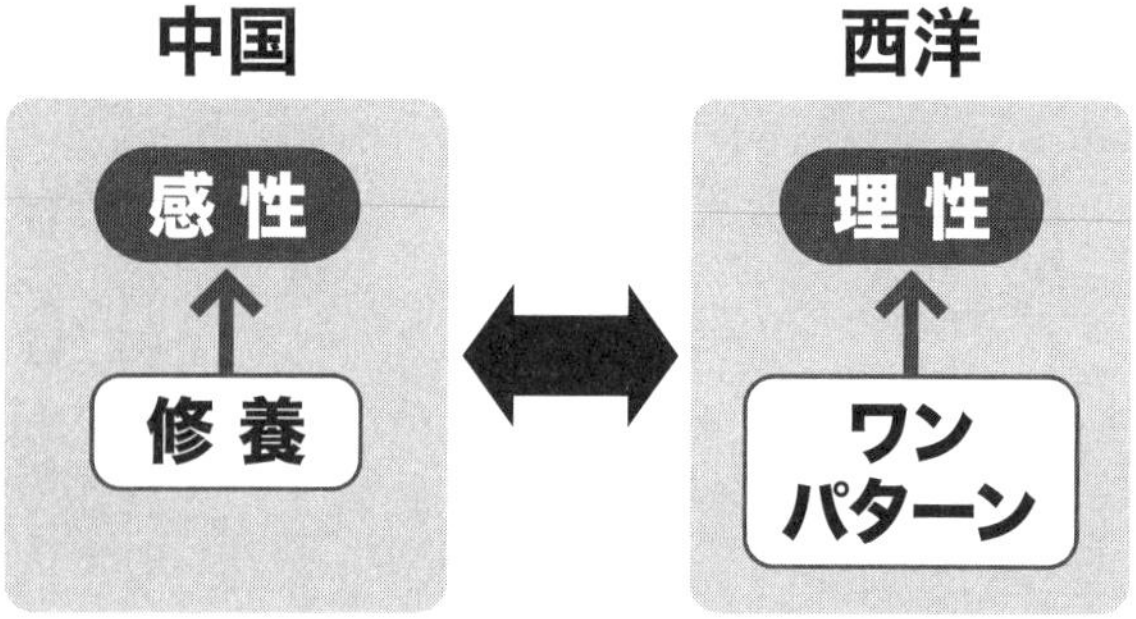

相談者も指摘しているように、中国が西洋世界と異なるのは、なんといっても儒教などを背景とした思想です。ピュエットもその点に着目して、中国思想の独自性について講義しています。それは西洋の哲学とはまったく違うものだというのです。

西洋の哲学者はとっさの事態に対して、ワンパターンの理屈に基づいた理性を働かせることで賢明な判断ができると考えます。

中国では、さまざまな形を取りうるとっさの事態には、感性で対応するしかないというのです。

ただ、行き当たりばったりの対応をするしかないかというと、そうではありません。日ごろから修養しておけば、体がひとりでに正しい反応をするということです。

ピュエットは儒教の孔子やその教えを受け継いだ荀子

や孟子、そして老荘思想までかなり詳細に論じています。いずれにも共通しているのは、この日々の修養の大切さであるように思います。中国思想には、それが誰の教えに基づくものであれ、仕事や目的を実現させる方法、人（ひいては他国）とのつきあい方に至るまで、一日にして成るものは一つもないのです。

中国は歴史のある国です。そこには長い時間をかけて育まれてきたものにこそ、価値を置くメンタリティーが浸透しています。

この長い時間の中で育まれるものを大事にするという点が、ある意味で西洋の論理とは真逆なのかもしれません。相談者も、慣れ親しんだ西洋というプリズムを外して初めて、中国の真の姿が見えてくるのではないでしょうか。

お勧めの本

●マイケル・ピュエット（共著）、熊谷淳子訳『ハーバードの人生が変わる東洋哲学』（早川書房）

➡ピュエットの人気講義を本にしたもの

ラボルドに「政教分離」を学ぶ

Q

昨今、政治と宗教の関係が取りざたされていますが、両者を切り離すのはなかなか難しいようですね。一国民としてどのように考えたらいいのでしょうか？

（医療事務職　40代男性）

セシール・ラボルド
フランス出身の政治学者。オックスフォード大学教授。政治と宗教の関係について研究している。著書に『Liberalism's Religion』（未邦訳）などがある。

A

「最小限世俗主義」の考えのもと、広く承認を得るための政治的審議の場を作りましょう

政治と宗教の関係を今一度再考する

いわゆる政教分離の問題ですね。一般には、政治と宗教は互いに干渉し合わないように分離した方がいいと考えられています。もともとは西洋の歴史において、カトリック教会が政治を支配することによって混乱がもたらされた反省に基づいています。そのためフランスにはライシテという厳格な分離を定めた法律が存在します。アメリカでも判例において、厳格な分離を実現するための基準が確立されてきました。

日本でもアメリカにならい、憲法で制度としての政教分離を保障していると解釈されています。また裁判では、目的と効果に着目する目的効果基準という考え方が導入され

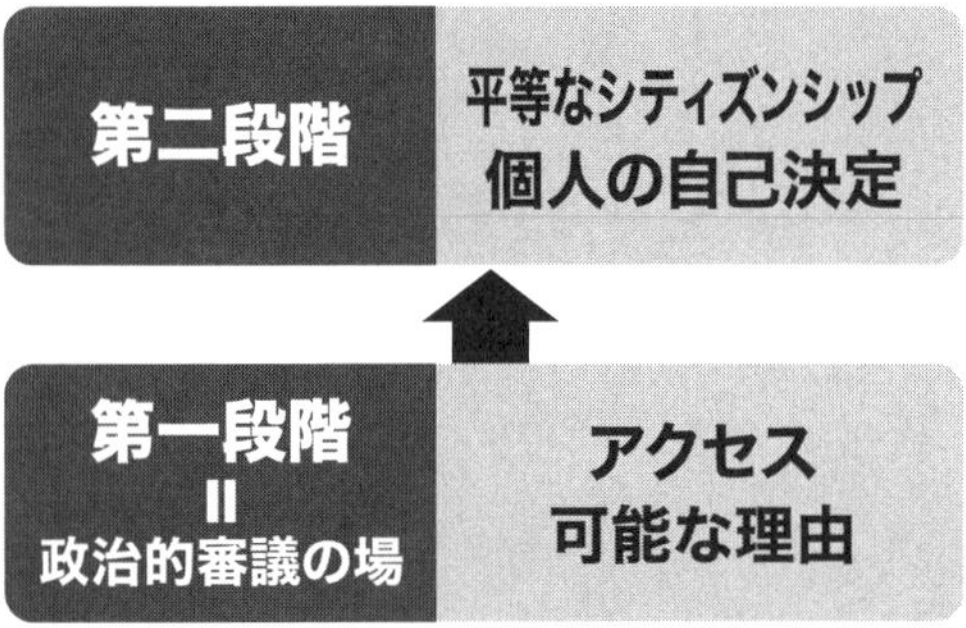

ています。とりわけ日本では戦前の国家神道の影響もあって、今も国家による神社への公的支出をめぐって裁判が起こされるケースが多いといえます。

ただ、現状の目的効果基準はあいまいなため、さまざまな批判があります。そこで今回参考にしたいのは、フランス出身の政治学者セシール・ラボルドによる「最小限世俗主義」という新しい考え方です。

ラボルドは、第一段階として政治的審議の場において、「アクセス可能な理由」つまり宗教の側があらゆる市民にとって理解可能な理由に基づき主張（教義、行事、儀礼の意味の明確な説明など）を行い、承認を得る必要があると主張します。

次に第二段階として、どの市民も平等な配慮と尊重をもって扱われるべきという「平等なシティズンシップ」の原理と、国家は宗教的信念に含まれる包括的倫理を個人に強制してはならないという「個人の自己決定」といったリベラルな実体的価値との両立性を審査すればいいというのです。

とりわけ第一段階の政治的審議の場が重要で、これによって理解に苦しむような政治への宗教の関与を避けることができるように思います。あとは形式的に審査すればいいのです。

これまで私たちは、あまりにも政治と宗教のかかわり方に無関心だったような気がします。相談者もこれを機に、まずは一国民として、何か気になった宗教と政治のかかわり方が、それがあらゆる市民にとって理解可能なものなのかどうか考えてみるところから始めてはどうでしょうか。

お勧めの本

●後藤光男著『政教分離の基礎理論』（成文堂）

➡日本における政教分離の論点がよくわかる

ラトゥールに「平和への道」を学ぶ

Q

パンデミック以降、グローバル社会にくみしない権威主義的国家が増えていますが、どうすればこういう国家を暴走させないようにできるのか。国家が主権を持っている以上、最終的には戦争で解決するしかないのでしょうか。

（会社員　40代男性）

ブリュノ・ラトゥール
（1947年〜）　フランスの哲学者、人類学者。アクターネットワーク理論の提唱で知られる。著書に『社会的なものを組み直す』などがある。

A

複数の正解を認める多自然主義の考え方によって初めて、平和への道が開かれます

戦争は国家間の交渉。解決には複数の正解が必要

たしかに国家が誕生してから、人間はずっと戦争を繰り返してきました。国家という枠組みこそが、戦争の原因であるというのもわかるような気がしますね。では真のグローバル社会を築けば、戦争はなくなるのかどうか。

この問題に答えてくれているのが、フランスの哲学者ブリュノ・ラトゥールです。彼は、そもそも近代社会があたかも戦争なんてないかのように振る舞ってきたこと自体が問題だといいます。とりわけ西洋社会は、自分たちの作り上げる社会が正しいのであって、ただそれに反抗している人間がいるだけだという考えです。戦争状態などそもそも

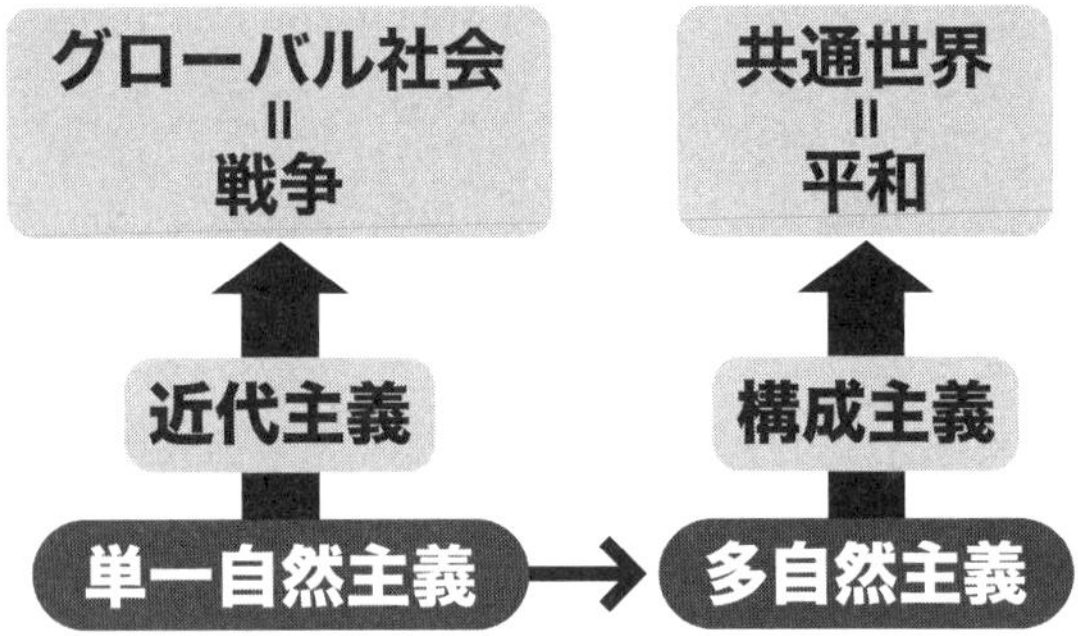

存在しないというわけです。

その意味では、この考えを続ける限り、いつまで待ってもグローバル社会によって平和がもたらされることはなさそうです。強者がつくるグローバル社会では、対等な立場で問題を解決することができないからです。

そこでラトゥールは、まずは世界の国々が戦争状態にあることを認めるべきだと主張します。

彼はこうした〝認識の変化〟を「単一自然主義から多自然主義への転換」と呼びます。つまり、自然科学のように絶対唯一の正しさ（正解）しか認めない態度から、複数の正解がありうるとする態度への転換です。

戦争は国家間の交渉ですから、この基本的態度の転換によって初めて、ようやく真の「共通世界」を築き上げるための努力を始めることができるわけです。では、具体的にはどのように交渉に臨めばいいのか？

それは相手国の神や科学に対する考え方など、存在論的前提から受け入れることだといいます。そうすれば、自然科学が担ってきたような絶対的な裁定ではなく、構成主義のように自分たちで世界の意味を構成していくことが可能になるからです。自分の国にとっては疑うことができないような大前提さえ、共に作り上げていくということです。

相談者の憤りはよくわかりますが、まずは自身が国ごとに異なる価値観を受け入れることから始めてみてはいかがでしょうか。

お勧めの本

●ブリュノ・ラトゥール著、工藤晋訳『諸世界の戦争』（以文社）

➡ラトゥールの戦争と平和に関する見解がよくわかる

アガンベンに「民主主義の危機」を学ぶ

Q

各国のコロナ対策を見ていると、非常時に強権発動可能な体制を望む声もあります。でも、権力者に全権を与えると平時に戻った時、元に戻せるのでしょうか。民主主義は機能不全に陥ってしまうのではと心配です。

（証券会社勤務　50代男性）

ジョルジョ・アガンベン
（1942年〜）　イタリアの哲学者。専門は美学や政治哲学。特にコロナ以後、各国がとる強権的措置に対し積極的に警鐘を鳴らしている。著書に『ホモ・サケル』などがある。

A

非常事態＝例外状態での主権者の決定の恒久化を危惧する感覚を持ちましょう

獲得した自由や権利の重みの意味を知る

新型コロナウイルスの感染拡大が報じられた初期の頃、いち早く民主主義の危機に警鐘を鳴らしたのが、イタリアの哲学者ジョルジョ・アガンベンでした。彼はかねて主張していた「例外状態」という概念をこの事態に当てはめ、ロックダウン（都市封鎖）などの強権発動が例外ではなく、恒久的になる危険性を指摘しました。

例外状態というのは、もともとはドイツの政治学者カール・シュミットが提唱したもので、「主権者は例外に対して決定を下すものであり、それが主権者の最大の存在意義である」とする考え方です。

法が想定しないような緊急事態が起こった場合、その対応を決めることができるのは権力者だけです。シュミットは、それを例外状態と呼んだのです。アガンベンが懸念したのは、パンデミック（大流行）において、この本来例外であるはずの状態を安易に認めると、それが恒久的な統治のパラダイム（範例）になってしまうのではないかということでした。

実際いくつかの国では、危機に乗じて大統領が権限を強化しようとする動きがありました。何より問題なのは、そうした事態では人々が進んで自由をはじめ権利を自ら差し出してしまう点です。

そうすると、私たちはもう元には戻れなくなってしまうでしょう。人類が自由を獲得するには、実に長い時間がかかりました。絶対王制を克服し、また二度の世界大戦という犠牲を払い、全体主義をも克服した後、20世紀後半になってようやく世界的に人権の意義が確認されるに至ったのです。

逆にいうと、権力者にとって自由とはそれほど厄介なものなのです。権力者は、あらゆる権利を差し出されて、やすやすと返すわけがありません。ワクチンの開発・接種などによって、ウイルスの危機はやがて消えるでしょう。しかし、遅々として進まないコロナ対策に業を煮やして、ひとたび例外状態の恒久化を認めてしまったら、民主主義の危機は永遠に消えないのではないでしょうか。

その点は相談者が危惧する通りだと思います。ポスト・コロナ時代の今こそ、こうした視点が大事だと思えてなりません。

お勧めの本

●アガンベン著、高桑和巳訳『私たちはどこにいるのか？』（青土社）

➡コロナ禍における例外状態の意味がよくわかる

タリースに「リベラリズム」を学ぶ

Q

日本の政党には左派リベラルと右派寄りリベラルがあるといわれますが、私には違いがよくわかりません。アメリカ大統領選の時も同様の疑問を持ちました。私自身もリベラルだと自認していたのですが、何がリベラルなのか、意味がわからなくなってきました。

（製造業管理職　50代男性）

ロバート・タリース
（1970年～）　アメリカの政治哲学者。バンダービルト大学教授。リベラリズムや民主主義について論じている。著書に『Democracy After Liberalism』（未邦訳）など。

A

政治的解釈より、生きる上での価値観を探す
哲学的概念として考えてみては

哲学的解釈では自由主義の基礎になる枠組み

たしかに今、政治思想の主流の一つであるリベラルの意味が曖昧になりつつあるように感じますね。リベラル、つまりリベラリズムという政治哲学の概念は、頻繁に口にされるのですが、実はとても複雑なものです。もともとは自由主義と訳されることがあるように、個人の自由を重視する政治的立場を意味しますが、歴史的文脈によってその意味が変わってきたという事情があります。

たとえば、イギリスでは、「王権からの自由」を意味したのに対し、アメリカでは個人の自由を最重要視する保守に対して、「政府の介入による個人間の平等」を意味する

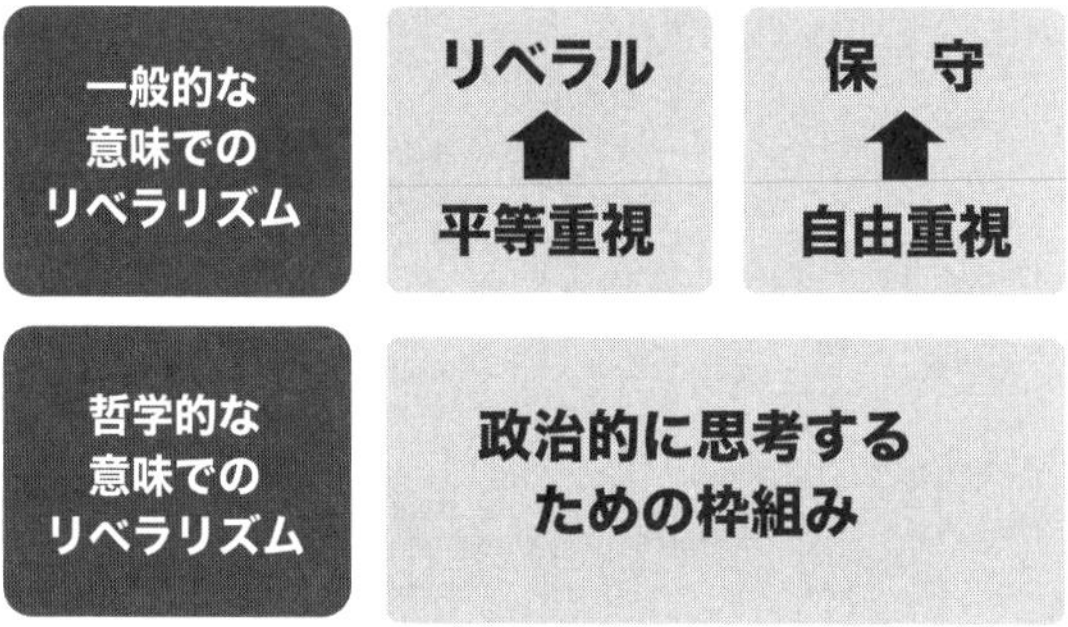

ものへと〝逆転〟させました。

また、リベラリズムという同じ言葉を使いながらも、一般的な政党の立場を表す場合と、哲学原理を意味する場合では、その意味自体が変わってくるのです。

そこで参考になるのが、政治哲学者ロバート・タリースの解釈です。彼は一般的な意味でのリベラリズムと、哲学的な意味でのリベラリズムを分けて、この混乱についてうまく解説しています。

タリースによると、哲学的な意味でのリベラリズムとは、いわゆる自由主義と訳される一般的な意味でのリベラリズムの基礎になる枠組みのようなものなのです。より正確に言うと、それは「政治的に思考するための枠組み」と呼ばれます。なぜなら、自由を重んじるということは、個人が自分の求める幸福を自由に議論し、それを国家に求めることを許容する立場であるべきだからです。

その意味では、アメリカの一般的なリベラルも保守系の人が使うリベラルも、どちらもリベラルであるということです。ただ前者は個人が自由を行使できるための社会的条件である「平等」をより強く求め、後者は個人の責任とその裏返しである個人の「自由」をより強く求めているのです。

相談者も哲学的意味ではリベラルなのでしょう。その上で、自分がどのような社会的価値、個人的価値をより重視しているのか吟味すればいいと思います。そうすれば政党がリベラリズムの看板を掲げていようがいまいが、その中身で判断することができるからです。

お勧めの本

●タリース著『政治哲学の魅力』（関西学院大学出版会）

➡タリース自身によるリベラリズム解説がとてもわかりやすい

ランシマンに「AIと民主主義」を学ぶ

Q

仕事でAIの導入支援をしています。先日同僚が、AIに任せた方が政治はもっと良くなるのではといったのですが、後で考えるとゾッとしました。それって民主主義の危機ということですよね。

（コンピューター関連企業勤務　40代女性）

デイヴィッド・ランシマン
（1967年〜）英ケンブリッジ大学政治学教授。ポッドキャスト番組で一般市民にも語りかけるメディア知識人でもある。著書に『Political Hypocrisy』（未邦訳）などがある。

A

危機どころか民主主義の崩壊。リアルな次元で政治へのコミットメントを高めるべきです

忍び寄るＡＩによる政治乗っ取りの脅威

たしかに政治に関心のない人たちによって選ばれた政治家が、既得権益を守ろうとするだけなら、いっそＡＩに任せた方がいいのではないかと思ってしまいますよね。でも、それでは危機どころか、民主主義の崩壊なのです。

ＡＩが人間の意志を読み取って判断するとしても、その基になる入力データが、インターネット上にあふれる情報だとしたら、すでにＧＡＦＡ（グーグル、アマゾン、フェイスブック、アップル）のようなネットの世界を牛耳る大企業のバイアスがかかっています。

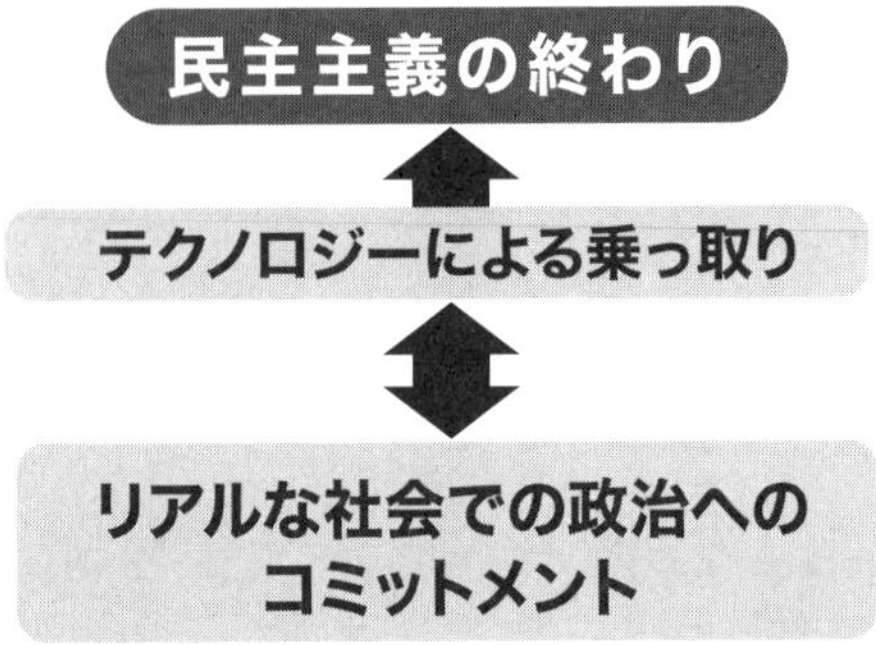

そんな指摘をするのが英ケンブリッジ大学のデイヴィッド・ランシマンです。しかも彼は、すでにそれは始まっているというのです。もう民主主義は終わりつつあるのだ、と。

実は歴史上、「民主主義の終わり」は何度も起こりました。

全体主義がその典型です。しかしランシマンは、現代の民主主義は私たちが過去に経験したような形で終わることはないといいます。そのような劇的な終わり方ではなく、テクノロジーに徐々に乗っ取られる形で静かに壊れていくというのです。

現にSNSにおける論調がIT系の大企業によって操作され、人々がそれを信じて投票行動に出たとしたら、もはや民主主義といえるでしょうか？　しかも、そのSNSがAIのアルゴリズムによって操作されていたとしたら……。

ランシマン自身は、だからどうすればいいというような安易な解決策は提示しません。でも、彼が冷静に分析している現状を踏まえると、おのずと私たちのとるべき行動は決まってきます。ランシマンがいいたいのは、どんなに面倒だとしても私たちがSNSとは別のリアルな次元で政治へのコミットメントを高めるべきだということではないでしょうか。しかもSNSとは異なり、決して感情に左右されることなく。

相談者もAIに民主主義を委ねる近未来が怖ければ、少しでもリアルな社会での政治へのコミットメントを高めることだと思います。面倒でも自分で考える、面倒でも人と議論するという人間臭いプロセスを経ながら。

お勧めの本

●デイヴィッド・ランシマン著、若林茂樹訳『民主主義の壊れ方』（白水社）

➡ランシマンの民主主義に関する洞察がよくわかる

08

【戦争と平和】

戦争に「正義」はあるのだろうか？
「私」にできることはあるのか？

この章の回答者

内村鑑三
ガルトゥング
ウォルツアー
イグナティエフ
ヤスパース

内村鑑三に「無軍備論」を学ぶ

Q

軍備増強のために防衛費がかさむということで、国民的な議論を経ることなく増税が決まりました。あまり大きな反対がないのは、不安定化する世界の現状に鑑み、誰もがやむを得ないことだと思っているからでしょう。でも本当に軍備増強しか手段はないのでしょうか？

（医療事務職　50代女性）

内村鑑三
（1861～1930年）　日本のキリスト教思想家。日本独自の無教会主義を唱えた。非戦論者としても知られる。著書に『代表的日本人』などがある。

A

軍備が戦争を保障する。ゆえに無抵抗によって悪を無化する手段を選択すべきです

戦争と復讐は一対のものである

たしかに防衛費を増額して軍備を増強するというのは、世界の趨勢のようにも見えます。しかし、そんな世界の趨勢に抗い、第二次世界大戦後、平和主義を貫いてきたのが日本です。その意味では、今回の決定は大きな政策転換ともいえます。

多くの国民がこれをやむを得ないと思っているのは事実です。ただ、日露戦争前夜、多くの国民が戦争に賛成する中、果敢に非戦論を貫いた人たちがいたことを思い出す必要があります。今回はその代表ともいうべき内村鑑三の思想を参考に考えてみたいと思います。

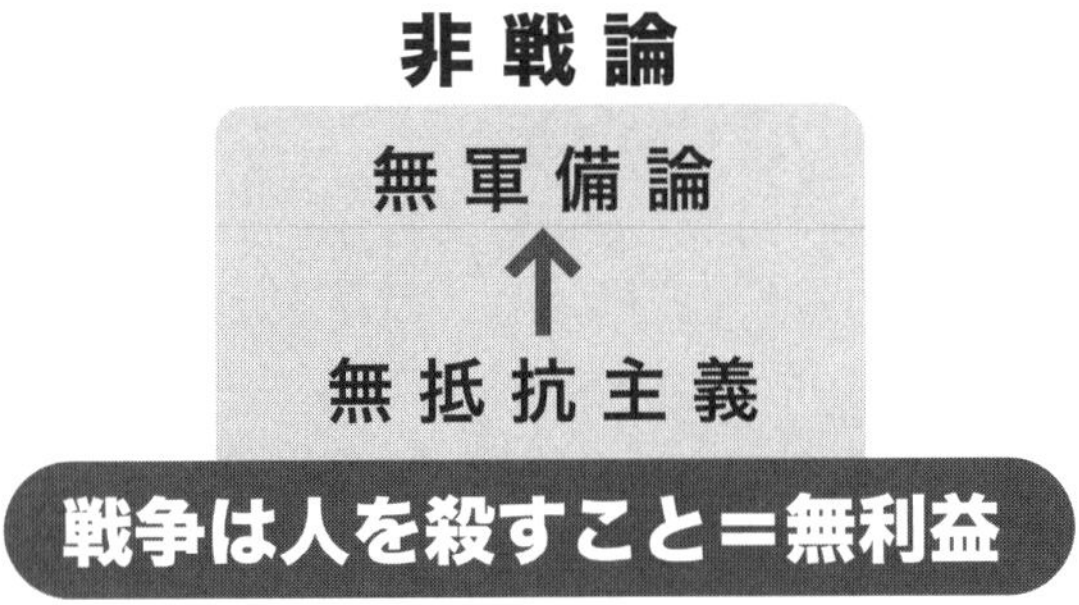

内村はキリスト者の立場から平和を唱えました。とりわけ彼の無抵抗主義には、キリスト教を感じさせます。なにしろ、悪を絶つ方法としては悪に譲るよりほかにいい方法がないというのですから。つまり、悪を正そうとして戦うのではなく、無抵抗によって悪を無化するよりほかないというのです。

そこから無軍備論を唱えるに至ります。軍備があるから戦争をするというわけです。そうして軍備は平和の保障ではなく、戦争を保障すると喝破します。さらにその行き着く先は、大損害だといいます。内村は決して神を信じるだけの理想主義者ではなく、むしろ現実主義者でした。

戦争がいけないのは人を殺すことだからですが、それによって個人も国家も永久に利益を収めることができないのが問題だといっているのですから。いくら勝利しても、戦争は復讐を生むだけです。そしてまた戦争が起こります。

とはいえ、国際政治の現実を見るにつけ、いくら平和を唱えても無意味に思えてくるかもしれません。それは内村も感じていたことです。にもかかわらず、彼は非戦を唱え続けることは無意味ではないと強く訴えたのです。

その意義は、21世紀を生きる私たちにはきちんと伝わっています。内村が正しかったことは歴史が証明しています。だから今も私たちは、勇気をもって非戦を唱えることができるのです。

相談者に限らず、私たちにはまだできることがあります。それは防衛費の増大に異を唱え、非戦を訴え続けることです。そういう人間が一人もいなくなった時、世界は終わってしまうのですから。

お勧めの本

●若松英輔著『内村鑑三』（岩波新書）

➡内村の非戦論の背景が詳しく述べられている

ガルトゥングに「トランセンド法」を学ぶ

Q

日本はよく平和だといわれますが、そんなに理想的な状況であるようにも思えません。たしかに戦争はしていませんが、いい世の中とはほど遠い感じがするのはなぜでしょうか？

（大学生　20代女性、製造業　40代男性）

ヨハン・ヴィンセント・ガルトゥング
（1930年〜）　ノルウェーの社会学者・数学者。平和学の第一人者として知られる。著書に『構造的暴力と平和』などがある。

A

構造的暴力を生まない積極的平和を目指し、対立する二者の「超越点」を探りましょう

私たちが完全解決の調停役となる

ロシアのウクライナ侵攻などを見ていると、つい日本は平和でよかったと感じてしまうかもしれません。でも、相談者が指摘されている通り、だからといっていい世の中だとはいえません。この問題を考えるのに参考になるのが、「平和学の父」として知られるノルウェーの思想家ヨハン・ガルトゥングです。

ガルトゥングはまず暴力について再定義を行いました。暴力とは決して行為主体によって引き起こされる物理的な力の行使に限られるものではなく、貧困や差別など社会構造レベルのものも含まれるというのです。そして、そうした暴力を構造的暴力と名付け

ました。

だから本当の平和とは、構造的暴力を生み出さない社会の仕組みを作ることにほかならないのです。それは暴力が存在しないだけの消極的平和に対し、積極的平和と呼ばれます。

では、積極的平和を実現するためには、どうすればいいのでしょうか？　ガルトゥングが提唱した方法の中で実際によく使われているのは、「トランセンド法」です。これは超越法とも訳される紛争解決の手法なのですが、対立する二者間にとっての超越点を探し出すことで、創造的な解決をもたらすことを目的としています。

具体的には、調停役が間に入って当事者と対話を行うことで、いずれの目標をも乗り越えたような共通の超越点を創造していきます。これはお互いの目標が半分だけ達成されるにすぎない妥協とは異なります。妥協だとどちらにも不満が残ってしまいます。超越点を探すのは困難ですが、その分問題を完全に解決することが可能なのです。

きっと日本にも多くの構造的暴力があるのだと思います。だからいい世の中だとは感じられないのでしょう。そうした問題の一つひとつについて、私たちが調停役のつもりで超越点を生み出していければ、本当の意味での平和な社会が訪れるはずです。

ぜひ相談者も、何がいい世の中だと思えない要因となっているのかを具体的に炙り出して、その背景を探り、何か一つでも社会の問題について超越点を探ってみることをお勧めします。

お勧めの本

●ヨハン・ガルトゥング著、御立英史訳『日本人のための平和論』（ダイヤモンド社）

➡日本の平和について考えるのに最適

ウォルツァーに「正戦論」を学ぶ

Q

アフガニスタンがイスラム主義組織タリバンに制圧されて、自衛隊が関係者の国外退避支援のために派遣されました。現地では、一部で武力衝突も起きているといいます。私は戦争には反対ですし、武力を使ったもの勝ちというのもおかしいと思うのですが。

（製薬会社勤務　30代男性）

マイケル・ウォルツァー
（1935年〜）　アメリカの政治哲学者。正しい戦争の条件について論じる正戦論の代表的論客。著書に『正義の領分』などがある。

A

「正戦論」に基づき、いかなる場合に戦争が正当化されるかを知りましょう

二つの正義で戦争は正当化される

コロナ禍で世界が一つになったかのように思っていましたが、現実はそうではなかったようです。アメリカがアフガニスタンから撤退したことで、タリバンがその隙《すき》を狙ったのです。彼らにとっては、コロナも関係ありません。

いつの時代も悪の集団は存在し、戦争が絶えません。もちろん戦争は否定されるべきです。

が、絶対に反撃してはならないとなると、今回の日本の自衛隊もそうですが、ただ危険な目にさらされるだけ。戦争が正しいとされることは一切ないのでしょうか。

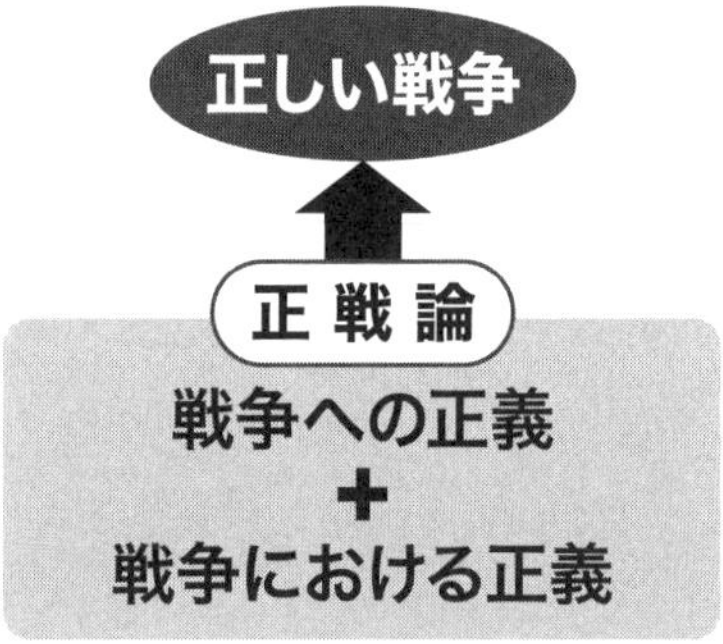

この難問に答えるのが、アメリカの政治哲学者マイケル・ウォルツァーです。彼は「正戦論」という議論の現代的旗手として知られています。つまり、いかなる場合に戦争が正しいとされるかという議論です。

正戦論自体は古代ローマの時代からあるのですが、ウォルツァーはそれを現代の文脈で精緻に理論化しています。わかりやすくいうと、「戦争への正義」と「戦争における正義」の二つの条件が満たされて初めて、戦争は正当化されるといいます。

「戦争への正義」とは、戦争に大義が求められるということです。例えば、領土や主権が侵犯されているなどの状況下での対応です。これは個人の正当防衛と同じ発想なので、わかりやすいでしょう。

他方、「戦争における正義」とは、戦闘行為を行わざるを得ないとしても、非戦闘員は決して攻撃の対象にしてはいけないというものです。当然ですが、これは実際には守られないことが多いようです。非戦闘員かどうか見分けがつきにくいという問題があるからです。ドローンで爆撃するような現代のハイテク戦争では、誤爆がつきものです。また、緊急事態にあっては、被害を最小限に食い止めるためといった理由から例外を認めがちです。

国民を守るために戦闘行為がやむを得ないものだとしても、最低限ウォルツァーのいう条件は厳格に守られる必要があるように思います。日の丸をつけた自衛隊が海外に派遣されている以上、国際社会では、私たちも皆当事者です。相談者もウォルツァーの議論を参考にしながら、ぜひ戦争の条件について考えてみてくださいね。

お勧めの本

●マイケル・ウォルツァー著、萩原能久監訳『正しい戦争と不正な戦争』（風行社）

➡ウォルツァーの正戦論がよくわかる

イグナティエフに「人道的介入」を学ぶ

Q

ロシアとウクライナの戦争が続いています。世の中には積極的な人道的介入を唱える人もいますが、どうしても戦争の当事者の一方だけに加担するようで声を上げられません。軍事侵攻によって傷つくウクライナの人たちを見ていると、見て見ぬふりも辛いのですが。

（高校教諭　30代男性）

マイケル・イグナティエフ
（1947年〜）　カナダの政治学者。政治家でもある。専門は政治思想や人権論。著書に『人権の政治学』などがある。

A

人は人権を必要とし、その保護を目的に「より小さな悪」を行使すべきです

戦争の当事者への肩入れは武力という悪にかかわること

戦争に巻き込まれたくないというのは誰もが思うことです。ましてや平和主義を掲げる日本の国民なら、どちらか一方に加担するのは気が引けるでしょう。でも、戦争が可視化される現代において、見て見ぬふりをし続けることはできないのはよくわかります。

そこで参考にしたいのは、カナダの政治学者マイケル・イグナティエフの考え方です。彼は、単に人権が侵害されているというだけで、人道的介入のもとに他国の戦争に介入すべきではないといいます。つまり、人権は国民国家によって規定され、保護されるという側面があるので、無条件に政治を超えるものではないということです。日本では日

人道的介入 → より小さな悪

武力行使 → 悪

歴史が語ること

本国憲法が、どの人権をどの程度保障すべきか規定しているように。

たしかに、多くの戦争は人権の侵害を理由にした人道的介入の名のもとに拡大し、泥沼化してきました。それが私たちが歴史から学ぶべきところです。だから人道的介入には慎重であるべきでしょう。現に、多くの国は今そういう立場を取っています。武力を行使することが悪であることは間違いないのですから。

もっとも、その同じ歴史が語るもう一つの事実があります。それは、人権が国民国家によって規定される価値相対的なものであると同時に、人間が人権そのものを必要とするという事実です。

イグナティエフも、まさに「歴史が私たちに語りかけること」として、人間の自由な主体的行為能力が最低限の基準を満たしていない場合に、人権の危機が他国に救済を求めざるを得ないような状況においては、国際社会が手を差し伸べるべきだと主張しています。

またその選択を「より小さな悪」とも表現します。私たちが戦争の一方の当事者に肩入れする時、まずは武力という悪に不可避的にかかわることを自覚せよということです。しかしそれにもかかわらず、人間が人権を必要とする存在である点に鑑み、より小さな悪を行使せざるを得ない時があるということです。

ウクライナの現状については、世界中がより小さな悪を意識しつつも、積極的に手を差し伸べる必要があるのではないでしょうか。

お勧めの本

●マイケル・イグナティエフ著、添谷育志他訳『許される悪はあるのか？』（風行社）
➡「より小さな悪」について論じられている。

ヤスパースに「核軍縮」を学ぶ

Q

岸田文雄首相は「被爆地」広島県選出初の首相ということもあって核軍縮への活動を期待していいます。が、実際には世界の核兵器をめぐる現状は悪化しているといいます。私も含め、どうすれば大勢の人がもっと深刻に捉えるようになるのでしょうか。

（会社経営　60代男性）

カール・ヤスパース

（1883〜1969年）　ドイツの哲学者、精神科医。実存主義の立場を取る。著書に『哲学』などがある。

A

核による人類の死滅を、避けられない「限界状況」として捉えましょう

まだ見ぬ未来の世代も含めた、他者＝自分という共同性

ＮＰＴ（核拡散防止条約）が発効してから約半世紀がたちますが、核軍縮は一向に進んでいないといっても過言ではありません。それだけ世界が不安定な状況にあるということなのでしょう。

唯一の被爆国である日本は、もっと積極的に対応すべきところですが、核保有大国アメリカに北朝鮮の核の脅威から守ってもらっている状況では、積極的な行動が取りにくいのが現状です。

だからこそ、いま核廃絶に向けた思想が求められるのだ思います。そこで参考になるの

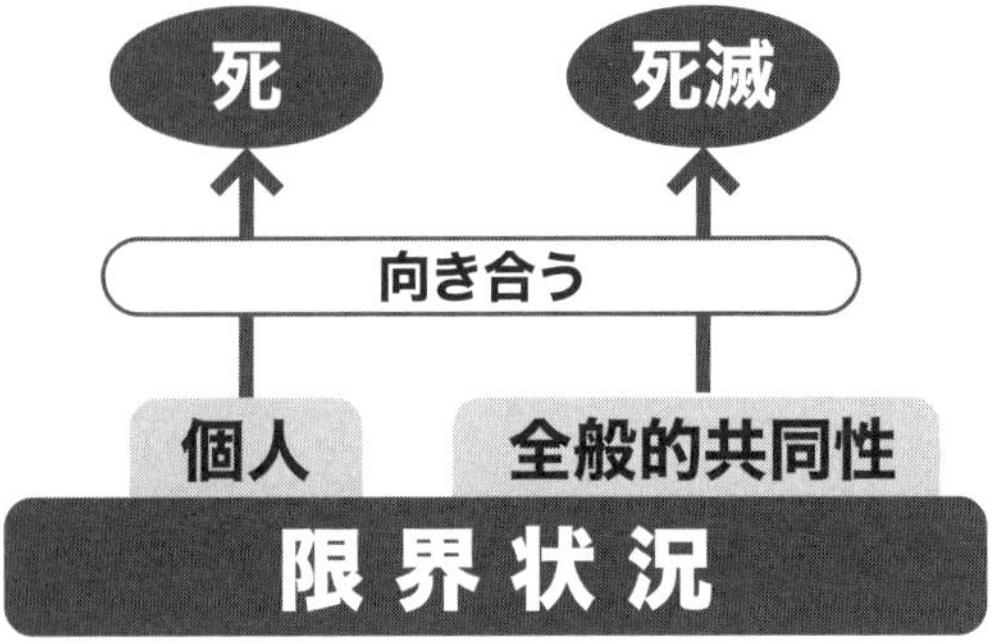

が、ドイツの哲学者カール・ヤスパースの原爆に関する思想です。

ヤスパースは「限界状況」という概念で知られていますが、これは人間が避けることのできない死などの絶対的な限界をいいます。その限界状況を意識して初めて、人は死に対して本気で向き合うことができるというわけです。

ヤスパースは、これを原爆によってもたらされる全人類の死滅へと拡張します。私たちは、この死滅を限界状況として自覚することによって、原爆の問題に向き合うことができるというわけです。

では、どうすれば死滅を限界状況として捉えることができるのか？　そのためには、死滅をあらゆる人間にとっての「全般的共同性」として認識する必要があるといいます。全般的共同性というのは、わかりやすくいうと、他者の存在を自分の存在と一体のものとして理解するということです。

そして、この場合の他者には、まだ見ぬ未来の世代も含まれなければなりません。そうでないと死滅を防ごうということにはならないからです。つまり、原爆は未来世代も含めて、すべての人間の存在を奪ってしまうものだから、この世からなくさなければならないということになるのです。

私たちは、つい自分たちにとっての脅威ばかりに目を向けがちです。だから核が必要だなどと考えてしまうのです。でも、未来の世代も含めて人間の存在を考える時、そうした発想がいかに近視眼的か見えてくるはずです。

相談者も、まずは周囲の人たちにこうした思想を伝えることから始めてみてはいかがでしょうか。

お勧めの本

●宇都宮芳明著『人と思想36　ヤスパース』（清水書院）

➡ヤスパースの人生と思想がわかる入門書

おわりに

本書の冒頭でも、人は悩む生き物であると書きました。もうその意味はよくわかっていただけたことと思います。実にさまざまな悩みが、さまざまな人たちから提起されてきました。

とりわけ現代社会は「悩める時代」といってもいいように思います。複雑化する社会の中で、誰もがどう生きていけばいいのかわからなくなっているからです。さらに、本書でも取り上げた格差やパンデミック、そして戦争といった諸問題が、それに拍車をかけています。

本書は二〇一九年から、ビジネス経済誌「週刊エコノミスト」（毎日新聞出版）で連載中の「小川仁志の哲学でスッキリ問題解決」の原稿を中心に、一部書下ろしを追加してまとめたものです。この連載はまさに悩み相談をテーマとしており、二百回近くも続いているということは、それだけ悩める人がたくさんいることを物語っています。

私はテレビや新聞など、他の媒体でも哲学悩み相談をやっています。そうして改めて見てみると、私に限らずさまざまな専門分野の方々が悩み相談の連載等をされていることに気づきます。

ただ、それだけ悩み相談の企画があっても、あらゆる人の悩みに対応できるわけではありません。したがってどうしても、他人の悩みとそれに対するアドバイスを読むということになります。

そのことにどんな意味があるのだろうと思っていたのですが、本書をまとめながらふと気づきました。人の悩みの多くが自分にも当てはまっているのです。人間というのは、案外同じように人生を送っているものです。それは時代や場所を超えて当てはまります。

たとえば本書でも、時間の使い方、愛や友情、あるいは欲望との付き合い方などに悩む現代の日本人の例を挙げましたが、これらはいずれもどの時代のどの国の人が抱えていてもおかしくない悩みです。一見現代に固有の問題に思えるSNSに関する悩みでさえ、その本質は情報や人間関係に関する普遍的なものなのです。そう、人の生き方や存在そのものが普遍的なものであるがゆえに、悩みも普遍的なものになるのです。

だからこそ、哲学という普遍的な知がその解決に役立つのだと思います。考えてみれば、私が哲学に出逢ったのも、人生に悩んでいる真っ最中でした。何をやってもうまくいかず、おまけに心身ともに病んでどん底に陥っていた時、私を救ってくれたのは哲学でした。

苦しみの中で、もがくように手にしたのが哲学の入門書だったのです。そこにちりばめられた数々の哲学者の言葉は、私の悩みのすべてに応えてくれるものでした。そうして哲学の意義を身をもって知ったからこそ、私は哲学によって悩みを解決することをライフワークの一つと位置付け、これまで活動を続けてきたのです。

本書が少しでも悩める時代の処方箋となり、皆様の気持ちを軽くするのに役立ったとすれば望外の幸せです。

さて、本書を世に出すにあたっては、多くの方々にお世話になりました。とりわけ、『週刊エコノミスト』の連載記事の転載を快くご許可くださった毎日新聞出版にはこの場をお借りしてお礼を申し上げたいと思います。

最後に、本書を手に取ってくださったすべての方々に感謝申し上げます。

ポスト・コロナという新しい時代の始まりに

小川仁志

55人の哲学者が答える大人の人生相談

著者　小川仁志

2023年7月5日　初版発行

小川仁志（おがわ・ひとし）
哲学者・山口大学国際総合科学部教授
1970年京都生まれ。京都大学法学部卒、名古屋市立大学大学院博士後期課程修了。博士（人間文化）。専門は公共哲学。商社マン（伊藤忠商事）、フリーター、公務員（名古屋市役所）を経た異色の経歴。徳山高専准教授、プリンストン大学客員研究員等を経て現職。哲学をベースにした課題解決に取り組む傍ら、市民のための「哲学カフェ」を主宰するなど哲学の普及に努めている。わかりやすい哲学解説には定評がある。Eテレ「ロッチと子羊」などにレギュラー出演。著書に『結果を出したい人は哲学を学びなさい』（毎日新聞出版）、『不条理を乗り越える』（平凡社新書）、『前向きに、あきらめる　一歩踏み出すための哲学』（集英社クリエイティブ）など多数。YouTube「小川仁志の哲学チャンネル」でも配信中！
公式HP　http://www.philosopher-ogawa.com/

発行者　佐藤俊彦
発行所　株式会社ワニ・プラス
〒150-8482
東京都渋谷区恵比寿4-4-9　えびす大黑ビル7F
発売元　株式会社ワニブックス
〒150-8482
東京都渋谷区恵比寿4-4-9　えびす大黑ビル
装丁　橘田浩志（アティック）
柏原宗績
イラストレーション・図版　いご昭二
編集協力　冨安京子
DTP　株式会社ビュロー平林
印刷・製本所　大日本印刷株式会社

ISBN 978-4-8470-6208-7
ワニブックスHP　https://www.wani.co.jp